零基础玩转
抖音电商

郭绍义　赵强　著

天津出版传媒集团
天津科学技术出版社

图书在版编目（CIP）数据

零基础玩转抖音电商 / 郭绍义，赵强著. -- 天津：天津科学技术出版社，2023.4
 ISBN 978-7-5742-0970-1

Ⅰ.①零… Ⅱ.①郭… ②赵… Ⅲ.①网络营销 Ⅳ.①F713.365.2

中国国家版本馆CIP数据核字(2023)第050120号

零基础玩转抖音电商
LINGJICHU WANZHUAN DOUYIN DIANSHANG

责任编辑：马妍吉

出　　版：	天津出版传媒集团
	天津科学技术出版社
地　　址：	天津市西康路35号
邮　　编：	300051
电　　话：	（022）23332695
网　　址：	www.tjkjcbs.com.cn
发　　行：	新华书店经销
印　　刷：	唐山市铭诚印刷有限公司

开本 880×1230　1/32　印张 7　字数 220 000
2023年4月第1版第1次印刷
定价：42.00元

前言
PREFACE

抖音是字节跳动旗下的短视频创作平台，其依靠自身的流量和聚集的用户，成为火爆当下的网络直播平台。自2020年6月字节跳动成立电商事业部以来，抖音借助原有短视频内容创新和海量流量的优势，带动抖音电商迅猛发展，并由最初的"兴趣电商"走向"全域兴趣电商"。

2020年8月，抖音平台日活跃用户超6亿人，释放出巨大的消费潜力。在2022年5月31日举办的"2022年抖音电商生态大会"上，抖音官方表示：过去一年，抖音电商的GMV[①]是同期的3.2倍，全年累计售出超百亿件商品；新入驻商家达180万家，有386万动销电商达人进入平台创业，还有超过2万家MCN[②]机构和服务商生态合作伙伴。

抖音电商平台通过内容连接用户与商品或服务。用户通过内容体验（浏览短视频和观看直播）实现商品或服务消费。其内容的呈现形式生动有趣，有效展示出商品或服务多维度的信息，能让用户边看边消费。

基于抖音平台的流量优势，抖音电商平台的潜力不可估量。对

---

① GMV：全称Gross Merchandise Volume，指商品交易总额、电商结算成交总额。通常指一定时间段内的成交总额。常用于电商平台对交易规模的衡量。需要注意的是，各平台的具体统计口径不尽相同，有的将拍下未付款、取消订单、退货情形等也计算在内。

② MCN：全称Multi-Channel Network，是一种网红经纪机构，电商型MCN机构的关键业务是网红主播孵化。

当下的企业和个人来说，入驻抖音电商平台，做抖音电商（也称为"抖商"，包括经营抖店的商家和开通橱窗带货权限的达人），共享平台红利，把企业品牌和个人品牌做大、做强，是一种不错的选择。当然，做抖音电商，并不是入驻平台或开通抖音账号这么简单，还需要通过有效的运营增加带货短视频的曝光量，为直播间导入更多的流量，利用品牌内容有效连接用户，从而形成用户沉淀等，这样才能经营好抖音电商生意。

  当前，在强有力的传播技术的支持下，电商直播经济成为国民经济的重要组成部分。直播经济的发展，不仅改变了传统的商业模式，也让消费者有了更有效的产品选择途径，更为大众带来了新的创业模式。

  直播经济在移动互联网时代是一个庞大的新业态，正焕发出欣欣向荣的生命力，为我们提供着丰富的创业机会。而我们能做的，或许就是借助用户的消费时间与消费习惯碎片化的契机，用内容连接用户，开启我们的抖音电商之旅。

目 录
CONTENTS

第一章 新手抖音电商入门第一课

抖音电商，为身处自媒体时代的我们提供创业机会　002
了解抖店，选择目标店铺，做好入驻准备　006
化繁为简，零粉丝也能入驻抖音电商平台　010
人才到位，组建高效的抖音电商团队　015

第二章 抖音电商的崛起，从打造抖音账号开始

精准定位，打造高流量抖音账号　020
注册抖音账号，设置信息有技巧　023
谨记账号运营要点，规避运营误区　028

第三章 内容为王，打通带货短视频的"任督二脉"

优质短视频内容具备的基本要素　034
吸睛标题，引导用户第一时间关注视频　040
高质量内容文案，为短视频注入灵魂　045
带货短视频脚本与剧本撰写实操　050
内容游戏化，是短视频留住观众的诀窍　056

第四章 爆款带货短视频的诞生,离不开拍摄技术的加持

准备好短视频拍摄设备	060
好用的短视频前期拍摄技巧	064
熟知爆款带货短视频的拍摄要点	069
手把手教你用剪映做视频后期处理	073

第五章 短视频引流技巧:玩转抖音,提升转化

"DOU+"工具,助推短视频上热门	080
抖音搜索,让粉丝主动找上门	085
关注五大指标,做好短视频数据诊断	090
巨量百应工作台,助力达人做好短视频诊断	093

第六章 坚守选品逻辑:引流款+获利款,实现长销

选品前的思考:商家、达人之间都有哪些合作形式	098
通过选品广场,为带货短视频选择合适的产品	100
直播间选品的底层逻辑	104
产品定价,单品与组合商品各有思路	107

第七章 抖音主播的养成:素人也能成为大主播

一名抖音主播的基本修养　　　　　　　　　　112
策划主播的人设定位,为直播间增加气氛　　　117
主播带货话术,拉近商品与粉丝之间的距离　　120
直播间氛围管理能力,带动粉丝的消费积极性　125

第八章 直播准备:把细节做到极致,才能从容做直播

搭建专属直播间,提升用户体验感　　　　　　130
选择直播入口:手机端or电脑端　　　　　　　134
设计直播脚本,才能稳扎稳打推进直播　　　　138
直播宣传引流,让观众对直播充满期待　　　　142

第九章 直播带货:为目标用户创造消费机会

掌握商品介绍技能,让成交量快速增长　　　　150
做好细分,管理直播间的用户　　　　　　　　153
策划、参与营销活动,提升直播间的带货能力　155

第十章 复盘直播成果，做好粉丝维护

复盘到底有什么意义　　　　　　　　　　　　　　　162
直播复盘，让抖音商家通过数据了解直播表现　　　　165
直播诊断，帮助抖音达人做单场直播的复盘　　　　　169

第十一章 高效运营，全方位管理，让生意火起来

抖店基本使用技巧概览　　　　　　　　　　　　　　174
飞鸽客服系统，解决抖店的售前售后问题　　　　　　180
巨量平台，新手商家和达人的自助流量解决方案　　　186
抖音商城，抖商经营的全域流量货架场景　　　　　　189

第十二章 用抖音思维助力抖音电商实现长赢

策划思维：让自己更有竞争优势　　　　　　　　　　194
场景化思维：用消费场景触动观众下单　　　　　　　198
跨界思维：梦幻联动唤醒观众的积极性　　　　　　　202
品牌思维：在瞬息万变的时代寻找长期增长　　　　　205
迭代思维：重复更新，持续成长　　　　　　　　　　210

后记　　　　　　　　　　　　　　　　　　　　　　215

第一章
新手抖音电商入门第一课

抖音App是一个用户自我表达、记录美好生活的视频平台,给人们带来了无穷的想象力。而抖音电商的崛起,又将商机带给人们。借助抖音平台的流量优势,拆解抖音电商的运营逻辑,在全域兴趣电商环境中寻找机会,或许就能找到更多商机。

抖音电商,为身处自媒体时代的我们提供创业机会

> ▶▶▶▶▶
> 　　抖音电商已成为当下的一种电商趋势。顺势而为是做成很多事的基础。跟随抖音电商的发展趋势,依靠自媒体的强大流量阵地,成为抖音电商从业人员,或许是一种适合当下经济大环境的选择。

● 认识抖音电商,理解抖音电商机制

在这个自媒体盛行的时代,基于抖音平台获取流量的成本更低,可以更大限度地满足用户的消费时间与消费习惯碎片化的需求,抖音电商逐渐成为电商行业的新宠。在抖音平台进行交易,成为当下诸多企业、品牌和个人布局电商业务的选择。

1. 抖音电商生态

抖音电商依托其超高的日活跃用户数量和超强的带货能力,主打兴趣电商,用内容带动商业变现。无论是短视频带货还是直播带货,只要内容对用户有足够的吸引力,就能吸引数量庞大的用户观看、购买,甚至让这些普通用户成为自己的长期粉丝。

2. 抖音电商的特点

抖音电商借助短视频或直播触达用户后直接完成交易转化,这种用户被动触达商品的路径被称为"货找人";而用户触达商品后积累了一定的购物心智,后续通过主动检索来了解商品的路径被称为"人

找货"。在抖音平台,直播间、短视频、抖音商城、搜索四大场景几乎覆盖了"货找人"和"人找货"的双向消费路径,如图1-1所示。

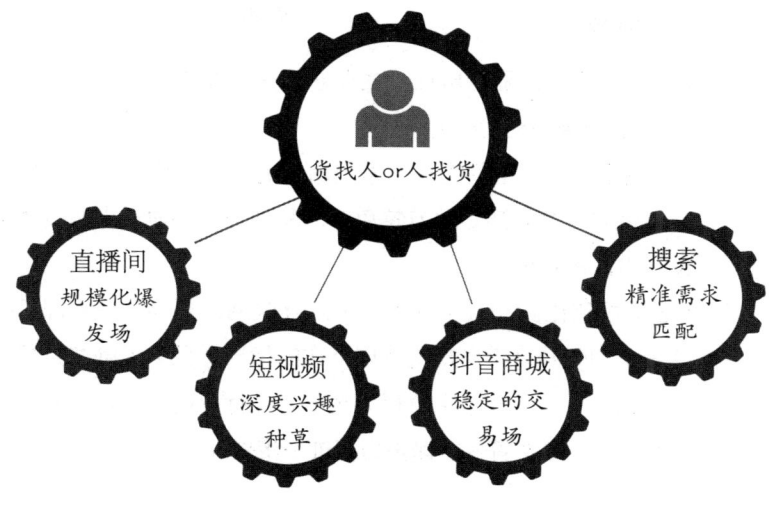

图1-1 抖音平台四大场景

抖音平台的四大场景连接互通,能让用户在不同场景获取自己需要的信息,从而做出购买决策。因此,抖音电商便拥有了以下特点。

(1)超强的品牌传播能力。在内容丰富的短视频和直播场景中,文字、图片、语音、视频等内容实现了有效融合,能为用户提供生动、新鲜、有趣且贴近美好生活的体验,这有利于激发用户的品牌认同感和分享欲,进而促进品牌的传播和产品的转化。

(2)巨大流量。在2020年8月时,抖音平台日活跃用户数量超6亿,规模庞大的用户基础为抖音电商提供了巨大流量。

(3)智能推送。抖音平台利用用户画像算法,进行个性化兴趣推送,能达到很好的广告效果。

(4)超高的产品转化率。产品转化率高即变现能力强。抖音直播间是抖音电商借助平台优势实现产品转化的主要阵地。

3. 我国的互联网生态

中国互联网络信息中心于2022年2月25日公布的第49次《中国互联网络发展状况统计报告》显示，在互联网电商直播领域，表现出以下三种趋势。

（1）主体多元化。随着电商直播业态的火热发展，越来越多的中小商户将自建直播渠道作为重点。

（2）商品本土化。电商直播对本土商户的产品宣传起到了积极的影响。无论是老字号品牌还是地方特色农产品商户，都通过电商直播渠道获得了良好的营销效果。

（3）运营规范化。2021年以来，国家互联网信息办公室等部门陆续发布的《关于加强网络直播规范管理工作的指导意见》《网络直播营销管理办法（试行）》《网络主播行为规范》等行业规范，使电商直播监管体系逐渐完善，消费者权益保护力度进一步提升。

平台资源与优势，为电商增长提供新赛道

抖音电商平台的资源与优势，主要体现在以下几个方面。

1. 抖音电商 FACT 经营矩阵

抖音电商"FACT"经营矩阵，是抖音电商布局的四大经营阵地，如图1-2所示。

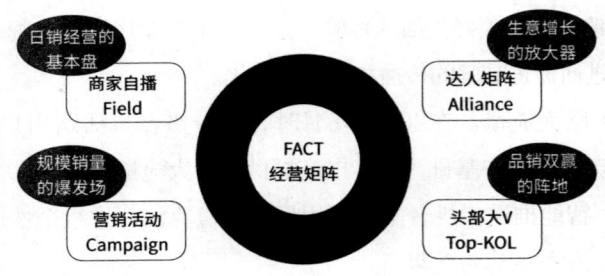

图1-2　抖音电商FACT经营矩阵

（1）商家自播。商家持续生产内容，运营好自身的经营阵地是基础。商家通过自播，一是能对自身品牌形象、货品选择、优惠力度等内容形成有效把控；二是能形成稳定的自播产出，有效管控运营成本；三是能与用户建立较为长期的关系，实现用户的持续积累。

（2）达人矩阵。所谓"达人矩阵"，就是很多商家与众多达人建立紧密的联盟合作关系。商家生意能随着达人能力的提升和数量的增加而实现快速增长。同时，商家借助达人资源，可以快速进入抖音电商赛道。

一定规模的达人矩阵可以增大商家的流量供给，各具特色的达人形象可以深度拓展消费人群；可持续的紧密合作又保障了商家与达人的匹配效率及佣金成本的长期稳定，是生意增长的放大器。

（3）营销活动。用匹配活动的主题内容培养用户心智，帮助商家获得平台资源，实现规模化销量爆发。

抖音电商平台的大促、营销IP、行业活动等一系列营销活动，赋予了抖音电商节日化、主题化的营销能力，为用户在抖音App上消费提供理由。这种规模化的流量聚集效应，能在短时间内引爆高成单的集中交易，这是商家借助平台资源快速成长的重要途径。

（4）头部大V。联合头部大V打造超强影响力的内容，能帮助商家快速破圈，一举实现产品和销量的双赢。

商家与明星、头部大V等的合作，能为品牌带来品宣和销量双引爆的局面。这是因为明星和头部大V能利用强大的粉丝影响力和人设背书制造出热点营销事件，以帮助品牌迅速破圈，实现品销双赢。

总之，抖音电商FACT经营矩阵，是驱动抖商长效增长的引擎。

2. 抖音电商四大经营工具

当前，抖店、巨量百应、巨量千川、抖店罗盘四大经营工具，成为全面助力抖音电商经营能力成长的重要工具。

（1）抖店。抖店是抖音电商商家实现一站式经营的平台，为商家提供全链路服务，帮助商家长效经营高效交易，实现生意的新增长。

（2）巨量百应。巨量百应是抖音电商旗下的内容营销综合服务平台，以直播、短视频等激发消费者购物需求的内容场景为核心，为电商达人、服务商等生态伙伴提供人货撮合、直播中控、机构/基地经营等产品矩阵，打造兴趣电商领域前沿的产品解决方案。

（3）巨量千川。巨量千川是一体化抖音电商广告投放与整合营销平台，为小店商家投放广告而搭建的一体化平台，支持直播、短视频多种带货形式的广告投放，支持移动场景和电脑场景双端投放。基于投放自动化程度，电脑场景端有极速推广和专业推广两种形式。

（4）抖店罗盘。抖店罗盘是抖音电商官方用来帮助商家、达人及机构在抖音平台建立稳定的经营模式的数据分析产品，从内容流量、商品服务、私域用户三大命题出发，为各个角色在内容提升、服务提升、流量投放、选品营销、人群转化等方面提供智能化数据指导与分析支持。

抖音电商为越来越多的品牌和商家带来了生意增长的机会，帮助越来越多的达人在抖音电商平台开展长期事业，用户也能在该平台获得优价好物。所以，充满生命力的抖音电商，将会成为兴趣电商的代表。

了解抖店，选择目标店铺，做好入驻准备

> 抖店是抖音电商商家实现一站式经营的平台。开通抖店，商家可以更高效地经营自己的生意。为了顺利入驻抖音电商平台，商家首先需要了解抖店相关基础内容，做好充足的开店准备。

抖店的主要优势

抖店作为抖音商家为用户提供优价好物的渠道，其具备的诸多特色功能，为实现这一目标提供了基础。下面，我们就来了解一下抖店到底有哪些优势。

（1）一站式经营。抖音电商平台为抖店提供了全方位的服务，能指导商家在商品交易、店铺管理、售前/售后履约、第三方服务等店铺经营链路中实现一站式经营。

（2）多渠道拓展。商家开通抖店后，可以通过抖音、今日头条、西瓜视频、抖音火山版等渠道进行商品分享，进而实现一家小店在多条渠道售卖的目标，这对店铺引流、提升销量非常有帮助。

（3）双路径带货。抖音电商有商家自播和达人带货两种售卖方式。商家自播指抖音电商通过平台自播实现生意增长；达人带货指抖音电商可以申请加入精选联盟，邀请抖音电商平台的达人帮助带货。

（4）开放式服务。抖店与第三方服务市场合作，可助力商家在商品管理、订单管理、营销管理、客服等全经营链路中提升效率，让抖店保持高效经营。

抖店是商家的经营阵地，借助抖店的优势，抖音商家可以实现流量和收益的长效增长。

开店主体及其可选择的店铺类型

抖店的开店主体有企业和个体工商户两种。不同的开店主体，对应不同的店铺类型。企业可以开通的店铺类型有普通店、专营店、专卖店、旗舰店；个体工商户只能开通普通店。这些店铺的区别如下。

（1）普通店。无品牌资质要求。

（2）专营店。店铺类至少有1个类目或2个品牌（授权品牌或自有品牌均可），其他类目1个及以上品牌（授权品牌或自有品牌均可）。

（3）专卖店。只可经营1个授权品牌。

（4）旗舰店。可经营多个自有品牌或1个一级独占授权品牌。

不同类型的抖店对品牌力的要求见表1-1。

表1-1 各类抖店的品牌力要求

店铺类型	品牌力			品牌类型		
	高	中	低	知名品牌	成长品牌	创新品牌
个体普通店		√	√			√
企业普通店		√	√			√
企业专营店	√	√		√	√	
企业专卖店	√	√		√	√	
企业旗舰店	√	√		√	√	
官方旗舰店	邀请制					

准备店铺入驻资料

企业和个体工商户打算入驻抖店时，需提前准备好相应的材料，包括必备材料和可选材料，如图1-3所示。

图1-3 抖店入驻资料

1. 准备必备材料要注意的事项

（1）营业执照。需确保当前时间距离营业执照有效期截止时间大于3个月；需确保营业执照上的统一社会信用代码为18位，若非18位，需要到市场监督管理部门升级营业执照后再入驻；若为新办理的营业执照，可在办理成功后等待至少14个工作日再入驻；必须为实体营业执照，抖店暂不支持无实体网店营业执照入驻。

（2）**经营主体身份证件**。根据身份归属地的不同，不同经营主体的身份证件要求也不尽相同，具体见表1-2。

表1-2 不同经营主体身份证件要求

身份归属地	经营主体	
	企业法定代表人	个体工商户经营者
中国大陆	二代身份证	
中国香港/澳门	港澳居民来往内地通行证	
中国台湾	台湾居民来往大陆通行证	
海外	护照	暂不支持入驻

（3）**银行账户信息**。根据经营主体身份归属地的不同，其入驻抖店的银行账户信息也有区别，具体见表1-3。

表1-3 不同经营主体的银行账户信息要求

身份归属地	经营主体	
	企业法定代表人	个体工商户经营者
中国大陆	可选择提供以下银行账户信息： ·对公银行卡号+开户银行+开户支行所在地+开户名称； ·法定代表人个人银行卡号+银行预留手机号+验证码	经营者个人银行账户信息+银行预留手机号+验证码
非中国大陆	对公银行卡号+开户银行+开户支行所在地+开户名称	

（4）**店铺logo**。商家提供的经营主体logo需要注意以下几点。

① 不得含有隐私信息、广告语、二维码、网址或任何联系方式。

② 不得侵权。

③ 不得涉及政治敏感类、恐怖惊悚类、过于暴露等不良信息。

2. 准备可选材料要注意的事项

（1）**品牌资质**。普通店入驻无须提供品牌资质，入驻更加快捷；入驻后可自行补充品牌资质信息，并可根据需要升级店铺类型。

（2）**行业资质**。除食品饮料、酒、生鲜、母婴、农资绿植、教育音像、图书、电脑及办公、手机、数码类目外，其他类目入驻抖店时无须提供行业资质。

化繁为简，零粉丝也能入驻抖音电商平台

> ▶▶▶▶▶
> 知己知彼，方能百战不殆。现在我们已经对抖音店铺有了一定的了解，接下来，我们来学习如何入驻抖音电商平台。这里，我们从经营抖店的常用软件开始进行讲解。

◉ 经营抖店的常用软件

商家入驻抖店，没有粉丝数量的要求，即零粉丝就能入驻抖店。开通抖店之前，还需要了解一些常用的抖店经营软件。

（1）**抖店**。抖音商家实现一站式经营的平台，分为网站电脑端和手机端，为商家提供全链路服务，帮助商家长效经营高效交易。

（2）**抖音**。商家发布带货短视频带货、引流以及进行直播的渠道。

（3）**剪映**。商家进行短视频剪辑、优化的工具。

（4）**飞书**。用于商家与抖音电商的官方沟通，传递平台信息。

（5）**飞鸽**。抖店的IM（Instant Messaging，即时通信）客服系统。商家可以通过飞鸽系统处理消费者咨询，解决售前、售后问题。

（6）**直播伴侣**。完美适配抖音、抖音火山版、西瓜视频平台的直播工具，用这些平台的账户登录并填写直播信息后，可以一键开播。

根据平台提示，按流程开通抖店

下面我们来了解通过抖店官网开通抖店的全过程。

首先点开抖店官网，就会出现如图1-4所示页面。

图1-4　抖店官网首页

在页面右侧有抖店入驻入口，商家可以使用手机号入驻，也可以选择抖音、今日头条、抖音火山版入驻。这里我们以手机号入驻为例演示抖店入驻流程。在抖店入驻入口输入手机号码及验证码，点击"立即入驻"，进入选择主体类型的页面，如图1-5所示。

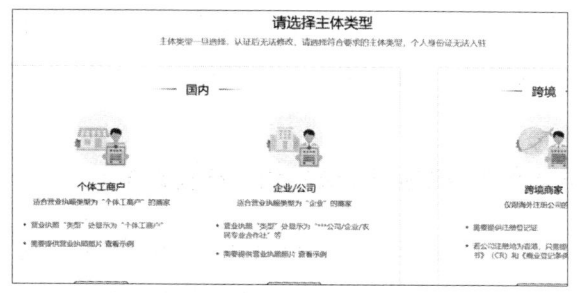

图1-5　选择主体类型页面

011

选择好入驻主体之后（本书以企业/公司主体为例），接下来需经过"填写主体信息→填写店铺信息→资质审核→账户验证"四个环节才能顺利开通抖店，如图1-6所示。

图1-6 开通抖店的基本步骤

（1）**填写主体信息**。包括填写营业证件信息、法定代表人信息。

（2）**填写店铺信息**。包括填写店铺类型、经营类目（入驻完成后支持修改）、品牌资质、店铺基本信息（个体店会根据店铺名称自动生成logo，商家可直接使用）、管理人信息（管理人手机号将用于订单下载和资金结算，需慎重填写）。

（3）**资质审核**。国内商家一般需要1~3个工作日；跨境商家一般需要1~5个工作日。

（4）**账户验证**。审核通过后即可进行账户验证。通过账户验证，并根据后台提示完成保证金缴纳后，抖店就可以进入正常经营状态了。

开通带货权限，视频创作者轻松入行抖音电商

开通抖音带货权限的用户，可以通过在抖音平台获得的短视频购物车、达人推荐橱窗、直播间挂商品，售卖自家商品或带货。

1．开通带货权限的基本条件

抖音用户开通带货权限，需要满足以下四个条件。

① 实名认证。

② 个人主页公开视频数≥10条。

③ 抖音账号粉丝量≥1000人。

④ 缴纳作者保证金500元。

2．开通带货权限的基本步骤

① 打开抖音 App，点击"我"页面右上角的"≡"标志，如图1-7所示。

② 在弹出的页面上找到"创作者服务中心"，点击进入"功能列表"页面，选择"商品橱窗"，如图1-8所示。

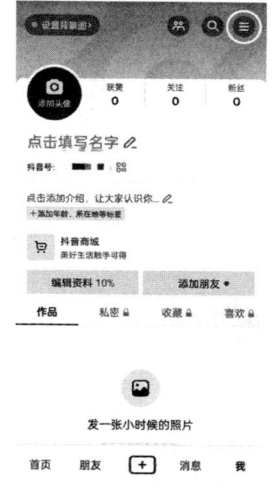

图1-7 点击"我"页面　　图1-8 选择"商品橱窗"

③ 进入"商品橱窗"页面，选择"成为带货达人"，如图1-9所示。进入"成为带货达人"页面，如图1-10所示，根据页面提示完成申请即可。

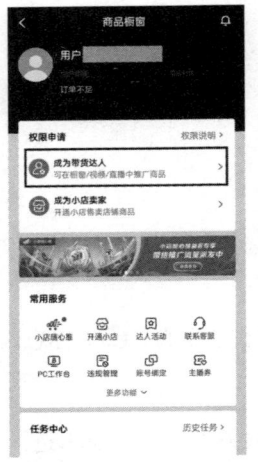 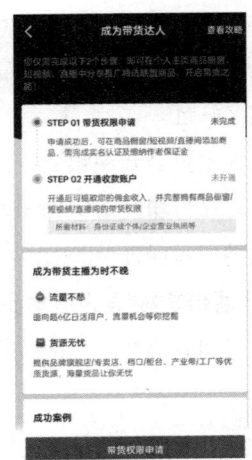

图1-9 选择"成为带货达人"　　图1-10 "成为带货达人"页面

3．认识商品橱窗

商品橱窗是抖音平台用于展示和管理商品的重要功能。当抖音商家或达人开通商品橱窗后,其账号主页就会出现"进入橱窗"入口,如图1-11所示,点击就可以进入该账号的商品橱窗页面,并能看到账号推荐的好物,如图1-12所示。

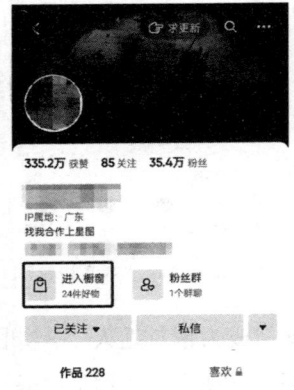 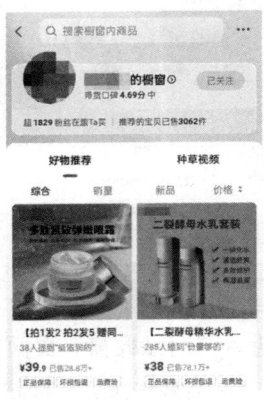

图1-11 某账号主页的"进入　　图1-12 抖音账号的商品橱窗页面
　　　　　橱窗"入口

在商品橱窗页面,用户可以查看商品的来源和详情,并下单购买自己中意的商品。

人才到位,组建高效的抖音电商团队

> 做抖音电商,组建高效的抖音电商团队是非常关键的一步。当然,并不是所有抖音电商都需要从一开始就组建自己的电商团队,而是可以在自己的电商业务达到一定的规模时再去组建。

组建抖音电商团队的基础

我们在抖音平台能看到一些视频创作者在积累了一定的粉丝之后,开通带货权限,仅靠自己运营短视频带货就能进军抖音电商。这对一些处于创业初期的个人来说,是值得借鉴的方向。我们都希望能在抖音电商平台上将自己的生意做大做强,但这仅靠一个人的力量是比较难以实现的。因此,我们必须在必要的时候组建自己的抖音电商团队,从而能生产更优质的内容,高效经营自己的生意。

在组建抖音电商团队时,要先思考以下几点。

(1)树立团队目标。制订一个明确且统一的运营目标,这样团队成员将会有更加清晰的努力方向。

(2)选择团队成员。合适的团队成员(运营人、视频创作人员、主播、客服等)能有序推进电商业务的进行,实现共赢。

(3)做好团队定位。抖音团队所处的地位,团队的领导由谁担任,每一位团队成员的任务安排等,都需要有明确的定位。

(4) **分配人员权限**。团队人员的管理权限(信息决定权、营销计划决定权等)要有清晰的划分,以便职责分明、公平公正。

(5) **制订工作计划**。制订好工作计划,这样团队成员才能严格执行自己的任务,向着团队目标努力靠近。

抖音电商团队的配置与分工

抖音电商团队的人员配置,通常有运营、客服、短视频创作、直播等岗位。这些岗位的职能分别如下。

(1) **运营岗位**。运营人员需要熟知电商平台的规则、用户人群、店铺运营,对产品了如指掌并能根据需要制订营销计划,同时还需要负责短视频和直播上线后的推广引流及数据分析工作,及时优化内容运营的策略和方法。运营岗位贯穿电商经营的整个流程。

(2) **客服岗位**。客服为客户提供售前、售中、售后服务。在售前和售中工作中为用户答疑解惑,有效推广产品,引导用户下单;在售后工作中处理客户的退换货事宜等,维护好与用户的关系。

(3) **短视频创作岗位**。短视频创作是抖音电商运营和商品推广的重要岗位。在抖音电商的短视频创作岗位下,可以细分出编导、演员、摄影、后期制作等岗位。这些岗位的主要职能如下。

① 编导:短视频创作团队的主要负责人,负责内容策划、脚本创作、统筹短视频的拍摄工作、挑选短视频的演员等。

② 演员:根据角色需要和脚本内容完成短视频录制。

③ 摄影:根据编导的安排,完成短视频的拍摄任务。

④ 后期制作:进行短视频剪辑等后期处理工作,以完善短视频。

(4) **直播岗位**。专门负责直播带货的岗位,主要有主播、主播助理和场控等岗位,具体职能如下。

① 主播：在直播的过程中展示商品、介绍商品、发放福利、与直播间观众互动。

② 主播助理：协助主播展示商品、试穿、试用商品等。

③ 场控：负责商品的上架与下架，帮助主播发放优惠券，布置直播间的灯光和营造直播气氛，协助主播促单。

抖音电商团队组建

在组建抖音电商团队时，我们除了要明确具体的岗位细分之外，还需要结合团队的发展阶段、规模等来配置团队成员。

1. 初创团队

初创团队一般是以节约成本为核心的小规模电商运营团队。由于受资金、产品、经验等的限制，组建团队以节约资金成本为主，简化人员配置，2~3人就已经足够。团队成员既要身兼多职，也要分工明确，以用最少的成本经营好自己的生意。初创团队的人员配置如图1-13所示。

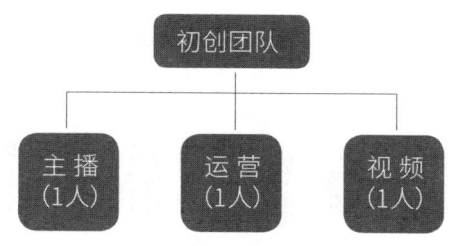

图1-13 初创团队的人员配置

2. 进阶团队

进阶团队已经初具规模，团队工作量大大增加，现有的团队成员逐渐不能满足工作需求。这就需要为主播增加助理人员，并增加运营人员、策划人员，让团队人数保持在4~10人。该阶段团队的人员配置如图1-14所示。

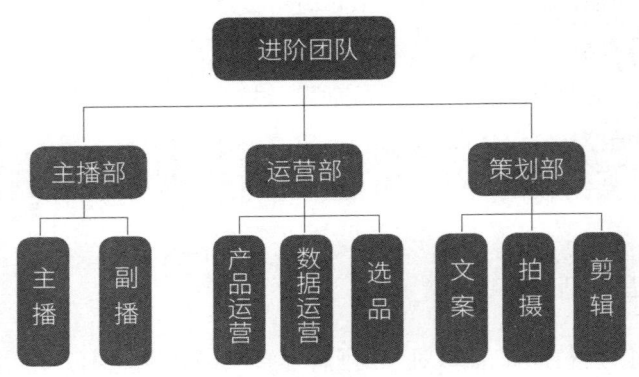

图1-14 进阶团队的人员配置

3. 成熟团队

成熟阶段的团队人员分工更加明确,团队部门也应进一步细分,商务部、创意部、直播部、运营部、客服部成为团队的重要组成部分,团队人数在10人以上。该阶段团队的人员配置如图1-15所示。

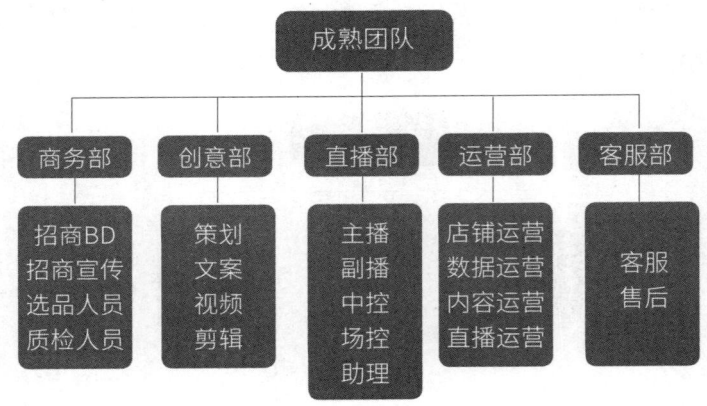

图1-15 成熟团队的人员配置

第二章

抖音电商的崛起,从打造抖音账号开始

抖音平台作为短视频行业的流量巨头之一,其流量红利不仅吸引了短视频创作者入驻,还让抖音电商成为一种新业态。随着年轻用户的不断进入,只要你有想法、有创意,打造自己专属的优质抖音账号,就能很好地助力电商生意。

精准定位，打造高流量抖音账号

> ▶▶▶▶▶
> 对抖音电商来说，创建定位明确的抖音账号，然后利用一系列养号手法为自己的抖音账号吸引、积累足够多的粉丝，这对后期创建短视频带货、直播带货等变现途径会有很大帮助。

◉ 抖音账号定位

一些相声演员之所以能被大家记住和喜欢，是因为他们的表演在语言、动作等方面加入了自己独特的设计，并与其他相声演员有明显的差异。回到抖音账号的定位上，我们如何从几亿的抖音用户中脱颖而出，关键就在于我们对自己抖音账号的定位。

抖音账号的定位可以从以下几方面着手。

1. 行业定位

行业定位，即确定抖音账号内容涉及的行业和领域。

抖音短视频创作者一般会从自己擅长的领域出发来创作短视频，但有些短视频创作者则不是这样，他们总是喜好跟风，看什么题材火便涉足什么领域，甚至进入一些自己非常陌生的领域。这样做的结果就是，自己既没有实现稳定、高质量的视频产出，也没有积累足够多的粉丝，更没有为账号带来更多权重。

所以，抖音账号运营者最好将账号定位在自己擅长且熟悉的领域，甚至在自己账号名称等处将账号所属的领域标识出来，这样有助于吸引相关兴趣爱好者关注账号。例如，抖音号为"张同学"的博主，专注于分享乡村生活，用带感的节奏、高妙的拍摄技巧等，专门分享乡村生活的点点滴滴，渐渐地，便成为"乡村守护人"的代表，吸引了广大网民的关注。再如抖音号为"特别乌啦啦"的美食博主，专门在全国探店，通过视频分享全国各地的美食，吸引了大批"吃货"的关注。

通常，一些行业或领域所涵盖的内容非常广泛，而且有很多抖音号已经在这些行业和领域扎根多年，那后来者可能就会缺乏优势。此时，我们要做的就是继续对行业和领域进行细分，为自己重新找一个入口，然后深耕于这一领域来打造我们的抖音账号。

2．内容定位

内容定位，是指抖音账号的内容方向。在创作抖音账号的内容时，我们要以账号定位为依据，展开短视频的内容创作。

抖音平台上有大量的短视频内容，为了让我们的短视频脱颖而出，在内容创作上，我们必须开拓创新，用独特的内容场景去发掘兴趣用户。

3．人设定位

人设就是人物设定，是指抖音短视频中的人物展现给观众的直观形象，这包括人物的外在形象和内在性格。通常，鲜明稳定的人物设定能给用户留下深刻的印象，能让用户通过某个标签或某几个标签快速联想到抖音短视频中的人物。

人设定位的关键是依据账号的用户定位，来为短视频的出场人物贴上特定标签。要实现这一目标，我们需要抓住三个关键问题："我是谁？""我的优势是什么？""我的差异化是什么？"并利用这三个关键问题来为用户提供记忆点，能让用户在海量短视频中一下便记住你。

（1）**"我是谁？"**——就是在短视频中向用户介绍清楚自己的姓名、职业、身份、地理位置等信息，在给用户留下初步印象的同时，让用户清楚你是谁。为了实现这一目标，我们也可以利用自己的账号名来展示重要信息。

(2)"我的优势是什么？"——优势可以是精致的外表，也可以是有趣的灵魂，等等。只要博主在某一方面具有一定的优势，并利用好这些优势，就能为用户提供有用的内容，进而为抖音账号赋能。

(3)"我的差异化是什么？"——要想打造差异化的内容，抖音短视频运营者可以从视频人物的装束、人格魅力、语言习惯及拍摄环境等方面着手，全方位营造差异化氛围，让用户看到视频的独特之处，并解决用户的痛点，这样才能加深他们对账号的记忆。

抖音养号手法

抖音养号，就是在抖音账号创建初期，利用一系列操作来增加账号的权重，助力账号在抖音平台获得更多推荐流量，提高账号的曝光度。

抖音平台更青睐内容友善、垂直且质量高的账号，大力打击、封禁不正常的营销账号。因此，在进行抖音养号时，要为账号内容把好关，让系统识别到我们的账号是优质账号，这样才能给我们分配更多的平台流量。

抖音养号理念贯穿抖音账号运营的整个过程，从账号定位、账号注册、内容策划、视频录制与上传，到粉丝维护、数据运用，都需要账号运营者用心对待，有效运营。

具体来说，抖音养号的基本内容如下。

(1)**正确注册抖音账号**。根据"一机一卡一号"（一部手机、一张电话卡、一个抖音账号）的原则，注册抖音账号并固定登录，不频繁切换抖音账号；进行实名认证，绑定今日头条、新浪微博等第三方账号；注册多个账号时，可以用不同的手机在不同地方、不同时间进行登录，以便让自己的这一系列账号覆盖多个区域、多类场景，从而吸引更多的用户。

(2)**正确填写账号信息**。账号信息的完整度同样会影响账号权重。在填写账号信息时，要注意：根据账号定位一次性完成账号信息设置，养号期间尽量不修改账号信息；账号信息中尽量不出现其他渠道的联系方式；账号名字要避开敏感词；账号头像要清晰，且尽量原创；账号简介要简短清晰，体现出能为用户提供的确切价值。

（3）**正确进行养号操作**。养号时间一般为3~7天，新注册用户在此期间可以不发布新作品；每天多次稳定地登录账号，浏览与自身账号定位相似的视频，并对其进行点赞、评论、转发等；关注抖音平台的话题活动，并积极参与；关注一些与自身定位相似的账号。

（4）**正确发布测试短视频**。在养号周期结束后，可以发布几条原创短视频对账号进行监测。发布测试短视频时，切忌抄袭和搬运其他账号的作品，禁止发布违规内容，视频内容要契合账号定位，视频时长以15~30秒为佳，视频发布频率要高，视频配乐要有热度，视频质量要过硬，发布的视频可以同步到其他平台。

注册抖音账号，设置信息有技巧

> ▶▶▶▶▶
> 在了解抖音账号定位及养号的一些注意事项后，接下来我们就通过学习注册抖音账号，来体验运营抖音账号的一些基础操作。

注册抖音账号很简单

注册抖音账号是非常简单的过程，用户可直接使用手机号注册登录，也可以用今日头条号、QQ号、微信号和新浪微博号这些第三方账号注册登录，如图2-1所示。

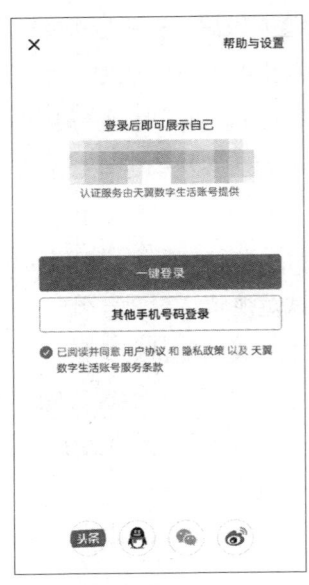

图2-1 抖音账号注册方式

在这些注册登录方式中，比较推荐的是使用手机号注册登录抖音账号，因为这样账号获得的权重较高，而且只需使用手机号"一键登录"，即可完成注册登录。新老用户都可以使用手机号注册登录抖音账号，未使用过的手机号登录后会自动完成注册，非常省时、省心。

抖音账号的注册时间越久，权重越高，所以用户在发布第一条短视频前，就需要尽早注册好抖音账号。

填写抖音账号的基础信息

完成抖音账号注册后，接下来是填写账号的基础信息。

1. 修改账号名称

账号名称是抖音博主的象征，优质的抖音账号名称，能给人"闻其声，见其人"的感觉。例如抖音账号"老爸测评""三维地图看世界""航拍中国"等。所以，为抖音账号起一个讲究的名称，把抖音账号的定位体现出来，不仅可以让用户快速了解账号的内容，还能加深用户对账号的印象。

那么我们该如何为抖音账号起名呢？企业直接将企业或品牌名称等关键字词加入抖音账号，就能起出他们的专属名称。而普通账号运营者在为账号取名时，除了要避免生僻词、复杂词外，还要在账号中加入关键词，甚至可以巧妙地利用谐音。这样做的目的就是为用户提供一个好理解、好记忆、好传播的名称。例如这样一些格式就可以套用，或稍作修改，就能起出有特色的名称：（性格）名称——"疯狂小杨哥"，（产品）哥/姐——"新闻姐"，爱（产品）的（名称）——"爱画画的子衿"。

此外，我们还可以通过飞瓜数据等平台给出的抖音达人排行榜（行业排行榜、涨粉排行榜、地区排行榜、成长排行榜、蓝V排行榜等），来研究一下这些排行榜上抖音账号的名称，借鉴他们的起名技巧，来为我们创作一个有特色、经典而不落俗套的账号名称。

当然，在设置抖音账号名称时，要注意账号名称不宜过长，尽量控制在10字以内；名字要体现出账号的行业定位，以便用户第一时间就能知道你生产哪方面的内容。

2．修改账号头像

修改抖音账号头像有两条途径：一是在抖音App的"我"页面，点击抖音账号的头像进行更换，如图2-2所示；二是在"编辑资料"页面，点击头像进行更换，如图2-3所示。

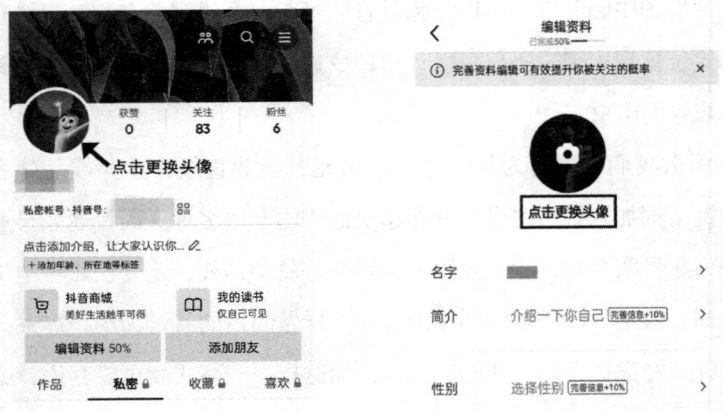

图2-2 在"我"页面更换头像　　图2-3 在"编辑资料"页面更换头像

设置头像时,头像一定要清晰;个人账号运营者可以使用带有个人特征的头像,企业账号的头像可以使用代表人物的肖像或公司名称图、品牌logo等。

3. 更换主页背景

抖音账号主页背景就是抖音号主页面上方的图片。当抖音账号默认的主页背景体现不出运营者的特色,或者更换的主页背景不适合继续使用时,抖音账号运营者应对其进行更换,如图2-4和图2-5所示。

主页背景可以展示这些内容:爆款产品、主题人设、品牌信任背书、活动通知或预告等。

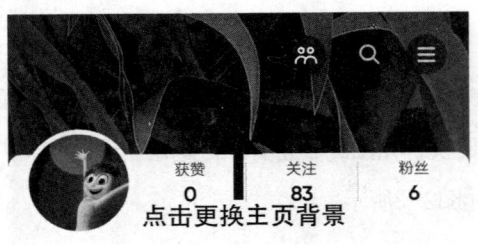

图2-4 点击账号主页背景

图2-5 根据提示选择照片
　　　更改主页背景

4. 编写账号简介

抖音账号的简介能让用户快速且清晰地了解账号的特色、用途等。账号简介除了定位账号运营者的身份之外,还具有很高的营销价值。在编写账号简介时,要遵循以下3个原则,以便用户快速掌握重点信息。

(1) **便于理解**。账号简介中不要使用生僻字词,要让用户一看就知道账号想要传递的信息,如图2-6和图2-7所示。

图2-6　中国火箭军官方抖音账号简介　　图2-7　中国证券报官方抖音账号简介

(2) **简洁明了**。账号简介既要有概括性又要突出主题,让用户在最短的时间内获得足够多的信息,如图2-8和图2-9所示。

图2-8　央视网官方抖音账号简介　　图2-9　华为抖音账号简介

(3) **具有价值**。账号简介要有一定的价值,表明账号身份,能够传递重要信息,如图2-10和图2-11所示。

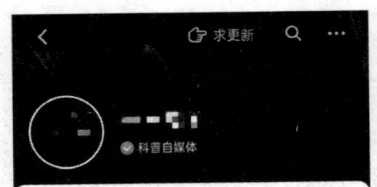 

图2-10 某科普达人抖音账号简介　　图2-11 北京大学抖音账号简介

5. 认证账号

抖音平台根据账号权重来分配流量，所以，认证账号更容易获取平台的推荐流量。

认证账号的基本操作：设置→账号安全→申请官方认证。

官方认证有多种类型，有个人认证、组织认证、经营角色认证三大类，可以满足不同用户的需求。

通过对以上内容的了解，抖音账号运营者能有效掌握抖音账号的一些基础设置，了解抖音平台的特性，为后续的运营工作做好准备。

谨记账号运营要点，规避运营误区

> ▶▶▶▶▶▶
> 　　无论是运营抖音账号，还是做抖音电商，遵循平台规则是每一位运营者必须坚守的准则，这也是让账号实现可持续发展的基础。

熟知平台规则

1. 抖音账号的运营规则

运营抖音账号，首先要理解平台规则。在平台规则的指导下运营账号，遵守《抖音社区自律公约》，是运营抖音账号的基本要求。如图2-12所示，在"抖音规则中心"，展示了平台公告、平台规则、规则解读，在运营抖音账号前，运营者要对这些进行了解，以免在运营过程中出现一些违规行为。

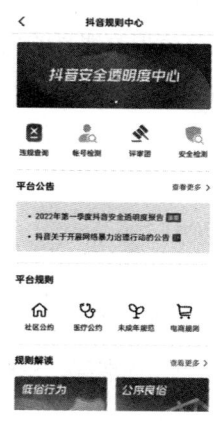

图2-12 "抖音规则中心"页面

抖音是一个创作型、分享型的网络社区，要想维护好平台的生态健康，营造良好的社区氛围，每一位用户都要遵守《抖音社区自律公约》。

在遵守《抖音社区自律公约》的基础上，运营者在运营抖音账号时，还应注意以下几点。

（1）**不做低级的内容搬运工**。如果运营者直接将带有其他平台特点和图案的作品发布在抖音平台上，平台会将发布这些低级搬运作品的账号封禁或者不给予流量支持。

（2）视频作品要清晰无广告。

（3）**理解平台的推荐算法机制**。在视频发布通过审核后，平台会根据视频的内容和质量将视频推荐给一批用户，若这批人看过视频后的反馈比较好（有较多的人点赞、评论、转发），那么接下来视频将会被推荐给更多的人，多次重复这样的操作，一个视频就能连续好些天在推荐页被人们刷到。

（4）**注意提高账号权重**。新注册账号若是一开始就发布各类营销视频，可能会被系统判断为营销广告号或者小号，进而会被屏蔽。因此，在运营账号的过程中要注意提高账号的权重，具体有以下方法。

①使用今日头条账号登录抖音。

②学习大多数用户的行为，多与热门作品进行互动（点赞、评论、转发）。

2. 抖音电商的运营规则

在抖店官网的"抖音电商学习中心"栏目中，有"规则中心"这样一个板块，展示了商家管理、创作者管理、精选联盟、生态角色、全球购等方面的规则、规范、说明、标准等，这些是商家在运营抖音电商的过程中需要遵守和注意的事项。

账号运营者和商家在前期一定要对平台规则有所了解，这是有效运营抖音账号和抖音电商的基础。

远离运营误区

抖音账号的运营误区主要有以下几个。

1. 随意删除视频

在抖音上人人平等，唯一高低有别的就是内容的质量。抖音账号能否快速吸引目标用户的眼球，关键在于内容。视频发布之后，即使整体数据很不理想，运营者也不要轻易删除视频。通常，删除视频对账号的影响是很大的，可能会使上热门的机会及被平台再次推荐的机会减少，并且会影响到已经拥有的整体数据。

2．只关注后台操作

有些运营者在做短视频运营时，只看重后台操作，视频发布之后从不查看各渠道的播放情况，这种运营短视频的手法是不可取的。因为每个渠道的产品逻辑都有差异，如果不去了解渠道，就无法准确触及渠道中的用户及他们的行为，以致错失潜在用户。

3．很少与用户进行互动

一些运营者在发布视频后，很少与用户互动，这样做是不对的。

当短视频在各渠道发布之后，一些活跃用户会及时对视频内容做出反馈，此时运营者需要及时与用户进行互动。运营者要筛选那些观点独特、趣味性强、有价值、能与人们产生共鸣的评论去回复，这样不仅能带动更多用户关注我们的短视频，还能获得平台的更多支持。

4．运营渠道单一

抖音运营者最好进行多渠道运营，也就是将我们在抖音上发布的短视频继续发布在其他渠道中（今日头条、西瓜视频、抖音火山版等），这能帮助我们创造更多的机会，产生意料之外的爆款。

5．盲目追随热点

一些运营者盲目地追随热点，无论是正面的还是反面的热点事件，都想去蹭热度，结果频繁出现违规行为，甚至导致账号被封禁。

运营者在追随热点的过程中一是要把握好度，理解热点的属性，确认热点与自己的领域和创作风格是否一致；二是要注重原创，原创更容易为用户带来惊喜，增强用户黏性。

6．不做数据分析

抖音运营者除了要做好日常的运营之外，还要进行数据分析复盘，以确认账号运营的整体规划和进度，看到自身的不足和对手的优势，找出播放量下滑的原因。数据分析还可以帮助我们分析用户的活跃时间点以及同行的活跃情况,这些对我们认识账号的整体运营效果都是有帮助的。

上述这些抖音账号运营误区,运营者在前期要尽早了解,以便在运营过程中及时规避,从而为账号赋能。

第三章
内容为王,打通带货短视频的"任督二脉"

在当今这个移动互联网时代,信息井喷,用户的时间与习惯变得碎片化。市场已经不仅仅是商品之间的竞争,更是不同内容之间的激烈碰撞。内容作为抖音带货短视频的基础,其质量是吸收平台流量、获取竞争力的关键。

优质短视频内容具备的基本要素

> 内容是抖音电商连接用户与产品的通道。只有当用户对内容产生兴趣之后,才能对产品产生兴趣。所以,对于抖音电商来说,创作内容优质的短视频是非常重要的。

◉ 优质短视频内容的构成要素

《抖音电商"FACT+全域经营方法论白皮书》中提到:"内容是消费的前链路,商家通过内容洞察消费者需求,可以快速发掘新品机会;内容同时具有传播性与流行性,商家通过内容快速传递品牌信息与商品信息,可以实现商品的迅速打爆。"

优质的短视频包含诸多要素,例如图像、字幕、声音、特效、标题、评论等,下面将对这些元素一一进行解析。

(1)**图像**。图像指通过拍摄而形成的视频,主要从观赏性(视频画面是否具有观赏价值)、层次感(视频画面表现和场景布局是否具有丰富的层次感)和专业度(视频画面中的人物表现是否专业)三方面来判断图像的品质。提高图像的品质,才能提高用户的观赏美感。

(2)**字幕**。字幕的主要作用是让用户更加清楚地知道视频中人物的对话和语言表达的内容。此外,字幕还能提示视频中的关键内容。我们将视频的几个关键点用字幕串联起来,不仅可以让视频内容变得层次清晰、节奏紧凑,还能加深用户对视频内容的记忆。例如,在一些讲解美食制作的短视频中,创作者会贴心地将每一步所用的材料、操作要领等放在视频显眼的位置。

(3)**声音**。视频声音包含了旁白、人物自述、人物对话、背景音乐和特效音乐等。声音就像是视频的灵魂,无论是抑扬顿挫的语调、慷慨激昂的谈论,还是激情澎湃、优雅舒缓的背景音乐,都能对用户产生一定的感染力,是调动用户情绪的密码。

(4)**特效**。在视频情节需要的时候,用特效的形式加以展示,往往能为用户创造更好的观看体验。特效可以是画面特效,也可以是声音特效。抖音上就有许多官方的特效道具,可以帮助视频创作者拍摄、制作出许多有创意的视频。

(5)**标题**。标题是用于描述短视频主要内容的简短文字,具有引导作用。编写短视频的标题时,我们可以参考以下3点。

① 吸引力。视频标题要有吸引力,因为看视频时,用户都会先看一眼视频标题,以先了解一下视频到底在讲什么,自己是否有兴趣继续观看后续内容,如图3-1所示。

图3-1 具有吸引力的视频标题

② 互动性。视频标题要有一定的互动性,能吸引用户参与互动。例如提出问题引导粉丝发表评论,这样有助于提高视频的评论量和点击率,如图3-2所示。

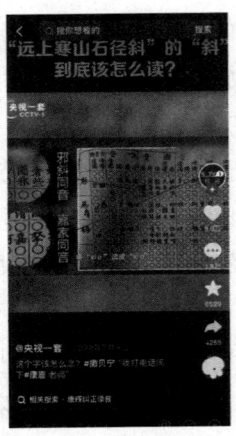

图3-2 具有互动性的视频标题

③代入感。有代入感的短视频标题,往往更容易引起人们的共鸣,激发用户的讨论兴趣,让视频收获巨量的关注,如图3-3所示。

图3-3 代入感强的视频标题

（6）**评论**。评论是用户对视频内容发表的一些看法。根据用户的反馈，视频创作者在创作时可以优化新作品。此外，视频创作者在与用户互动时，可以抛出作品的评论方向，进而引导用户评论，为视频增加更高的权重，吸引更多平台流量。

内容是抖音电商的运营核心。商家在借助短视频进行营销时，结合产品或服务打造出新鲜、有趣的内容是实现营销的有效途径。当然，在打造内容的同时，还要利用平台的特性和资源优势，做好内容和流量的精细化管理。

短视频中的热门内容题材

短视频内容可以承载丰富的信息，既能展示品牌形象、风格，也能传达作者的情感和态度，还能传递商品的卖点。当然，内容也分题材，不同题材的内容，对用户的吸引力会有所不同。短视频中常见的热门内容题材有以下几种。

1. 视觉享受类短视频

视觉享受类短视频专注于打造高颜值、高美感的视频内容，视频的主角可以是高颜值的人物，也可以是高颜值的其他事物，比如优美的风景、可爱的动物等。

在视觉享受类视频中，对于人物形象，即使是天生丽质，也需要有衣着、妆容的支撑。在拍摄这类短视频时，要根据视频定位和风格为人物搭配合适的服装和妆容，最大限度地提高人物呈现出来的美感和舒适度。

对于事物，除了要把握其本身的美之外，还要通过高超的拍摄技术来进一步提升视频的美感，比如精妙的画面布局、舒适的构图和恰当的特效等，如图3-4和图3-5所示。

图3-4 高美感的猫咪视频　图3-5 高颜值的风景视频

2. 知识输出类短视频

知识输出类短视频的范围非常广泛，能为用户提供各类有价值的知识和实用技巧，知识性和实用性是这类视频的主要特征。例如摄影教学、美食制作、穿搭教学、办公教程、美妆教学、知识分享等，这类视频通常都短小精悍、干货十足、简单易懂，能让用户在短时间内掌握某项技能或某个知识，因而深受广大用户的喜爱。如图3-6所示，某摄影教学博主通过短视频分享实用的摄影技巧及图片处理方法。

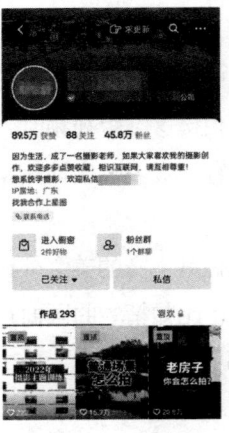

图3-6 某摄影教学博主的抖音教学视频展示

3．幽默搞笑类短视频

幽默搞笑类短视频满足了用户休闲放松的需求，是抖音上非常受欢迎的内容，而且受众非常广，男女老少皆宜。当然，正因为这类视频吸引用户的能力强，所以很多人加入了幽默搞笑类视频创作的大军。要想在幽默搞笑类视频的大军中取得好成绩，视频的创意和后期的剪辑处理等非常重要，目的是打造出幽默、有趣的短视频内容。账号名为"疯狂小杨哥"的用户，他最开始就是借助搞笑类视频给大家带来欢乐，从而积累了大量用户，然后进军抖音电商，成为抖音电商平台的优质作者。

4．产品展示类短视频

产品展示类短视频主要用于短视频带货、直播引流。商家借助这类短视频推荐产品，可以利用各种场景，为用户展示产品最直观的效果、优势、细节，把产品外观及功能尽可能完整地展示给观众。商家还可以利用一些有趣的特效和精美的画面，为人们创造高质量的视觉享受。

产品展示类短视频的内容还要包括用户的反馈、体验，展示对用户相关痛点的解决效果，能为用户带来哪些潜在的福利。此外，在这类短视频中，无论是出场人物的话术，还是文案，都需要表现出专业性，同时还要具有幽默性和感染力，能吸引用户看完视频。

5．才艺技能类短视频

才艺技能类短视频以展示才艺或技能为主。由于才艺及技能的独特性，这类短视频上热门的概率比较高。

才艺的范围非常广，不仅有大家喜闻乐见的唱歌、跳舞，还有乐器演奏、脱口秀、绘画、书法、朗诵等。技能展示就是将自己会的而别人不会的技能展示出来，例如生活小妙招（叠衣服、剥虾、做手账、驱蚊、切菜等）。抖音上常见的技能展示有娱乐技能、专业技能、吃货技能、生活技能等。短视频运营者可以在这些领域继续探索新方向，也可以开拓其他领域，只要能为用户带来独特的观看体验，让用户有所收获，就是有意义的。

6．评论解说类短视频

评论解说类短视频主要用于评论解说影视剧、游戏、体育比赛、热点事件等。评论解说的形式非常多样，要么是以配音的形式评论解说相关要素，要么是出场人物在特定环境或空间对某要素进行评论解说。例如，抖音上对影视剧进行评论解说的博主，他们用轻松有趣、通俗易懂的简短话术对长篇幅的影视剧进行评论解说，有些在用户中非常受欢迎。因为很多用户的生活节奏非常快，他们没有时间看完一整部电视剧或电影，而这些评论解说类短视频的出现，就很好地满足了这类观众的需求。

吸睛标题，引导用户第一时间关注视频

> ▶▶▶▶▶▶
>
> 　　标题就像是短视频的窗户，通过标题这扇窗，我们能一窥短视频内容的全貌。在运营短视频的过程中，标题创作有基本的规则和技巧。短视频运营者需要谨记这些要点，才能创作出高质量的短视频标题。

◉ 短视频标题创作要点

（1）**远离标题党**。视频标题固然要有吸引力，但如果用户因被标题吸引而在观看短视频时，发现所看内容与标题大相径庭，就会降低对视频的信任度，并会对短视频产生反感，进而整体上拉低短视频的点赞量和完播率。因此，在创作短视频的标题时，一定要让标题与视频主题紧密关联，就事论事。

（2）**突出重点**。短视频标题应重点突出、简洁明了、字数适中、阅读流畅、呼应视频画面，这样才能让用户快速明确视频要表达的内容。

（3）**抓住吸睛词汇**。将一些能够吸引用户眼球的词汇，例如"福利""震惊""种草""免费"，以及一些热梗等，加入短视频的标题中，不仅可以引起用户的关注，还能让用户产生共鸣，快速理解视频要表达的意图。

短视频标题创作技巧

（1）**坚守标题创作原则**。创作短视频标题要坚守换位思考原则、新颖原则和关键词组合原则，具体如图3-7所示，这样做的目的是增加视频的曝光度。

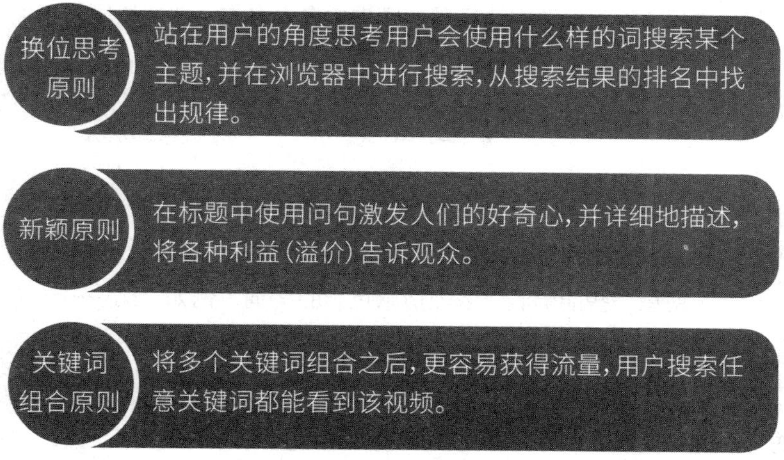

换位思考原则	站在用户的角度思考用户会使用什么样的词搜索某个主题，并在浏览器中进行搜索，从搜索结果的排名中找出规律。
新颖原则	在标题中使用问句激发人们的好奇心，并详细地描述，将各种利益（溢价）告诉观众。
关键词组合原则	将多个关键词组合之后，更容易获得流量，用户搜索任意关键词都能看到该视频。

图3-7　短视频标题创作原则

（2）**标题要涵盖视频内容，凸显主旨**。若标题能够体现出视频的价值，还会吸引用户继续观看甚至点开前期视频进行观看，这不仅可以提高视频的完播率和点击量，还能助推视频上热门。

短视频标题类型

（1）**福利型标题**。福利型标题指抓住用户的利益诉求，让用户一看到"福利"便产生观看短视频的欲望。创作标题文案时，可直接将"福利"二字放入标题中，或者用"超值""优惠""丰厚""折扣"等词对真实可信的福利进行表达，从而吸引用户的注意，让用户心动。

福利型标题实际上是在向用户传递一种价值，也就是用户通过观看短视频会获得哪些收获（折扣、优惠、技能、知识等）。例如一些视频标题中的"粉丝福利""超值大礼包""摄影小白也能拍出大片""零基础快速入门""让你尖叫的高效记忆法"等。

（2）**鼓舞型标题**。鼓舞型标题指通过向用户传递成功的经验、法则等来传播一种可以鼓舞大众的情绪，帮助人们打破常规、实现目标、获得成功。这类标题中最好用到励志的名人名言、感情浓厚的词汇等，从而打造出适合特定场景的标题，引起受众的情感共鸣。例如，一些视频标题中出现的"八块腹肌是怎样练成的""一家小店的逆袭之路"等。

（3）**冲击型标题**。冲击型标题指标题具有冲击力，能为用户提供一种感官刺激，让用户在心中产生一些力量。这就要求在创作视频标题时，要善于使用一些能够表达浓烈情感色彩的字词，例如"比……还重要""第一次……""本季爆款"等。

这类标题中还可以使用一些有影响力的人物的名字，以提升标题观点的可信度和权威性，为提高视频的播放量创造条件。

（4）**揭露型标题**。通过揭露某个不为人知的秘密以激发用户的兴趣，此类标题正好能满足人们的猎奇心理。如果长期用这种类型的标题描述视频内容，就能长期吸引用户的目光。创作揭露型标题时，标题中的内容要有明显的冲突性和反差性,例如"真相""你知道吗""一个冷知识""拍一发三""你还在用"等词语或短语就能表达出这种效果。

在创作揭露型标题时,我们还可以利用疑问设置悬念,激起人们想一探究竟的好奇心,例如"这次又是谁和谁""不用煮的拉面长什么样"等;也可以利用反常的现象、变化的现象和不可思议的现象等来制造悬念,例如"原本好好的,怎么就……""坚持一周,你就会发现……""只要你看完,就一定能学会"等。

(5)**借势型标题**。借势型标题指在标题中加入一些社会上的热点事件、话题中的词汇,进而为短视频增加热度,让其更能吸引用户,获得更多的播放量。借势是一种免费且效果可观的标题创作技巧,会吸引大量用户的关注。在日常生活中,短视频运营者要对时事热点保持一定的关注度,以便及时应用到视频创作中。需要注意的是,在打造借势标题时,要从正面的、具有积极影响的热点入手,远离负面热点事件。

(6)**警告型标题**。警告型标题指利用严肃有力量的语态,为用户制造强烈的心理暗示,并给其留下深刻印象。例如,有些短视频运营者非常热衷于模仿一些警告型新闻标题,使短视频显得严肃但有趣。

创作警告型标题时,要将警告事物的重要特征、重要功能、核心作用等表现出来,还要找准目标受众的共同需求,运用适当的警告词,突出问题的紧急程度。因为警告的醒目作用,会触及很多用户的利益,例如"家长请注意……""开车出门千万……""警惕……"等,能吸引很多用户关注视频讨论的话题,甚至积极地参与互动。

(7)**急迫型标题**。急迫型标题就是用富有急迫感的词汇来营造一种紧张的氛围,动员用户立即行动。这种标题可以应用于带货短视频中,给用户营造一种若是手慢就没有了的氛围。

(8)**独家型标题**。独家型标题会给用户带来独一无二的体验感,让用户产生领先众人、独树一帜的感觉,从而乐于了解、分享、点击与互动等。在创作独家型标题时,视频运营者一定要充分掌握用户的心理状态,从不同的角度挖掘用户的痛点,加入能够表达独家意味的词汇,例如"独家推荐""官方唯一授权""专利独有"等。

(9)**量化型标题**。量化型标题就是在标题中使用具体的数字来描述某事件。在标题中使用数字,能有效提升视频的点击率,更加形象地表达内容,更加突出重点,让用户一目了然。在创作量化型标题时,要从视频内容中提炼数字(最好是阿拉伯数字),还可以通过数字对比制造悬念,并清晰表达内容的逻辑结构。例如"3分钟掌握1个知识点""1分钟卖出2000单""一口锅做出7种口味的火锅""日销100单和日销1000单的差别在哪里"等。

勿入标题创作误区

短视频标题创作误区主要有以下几种。

(1)**表述含糊**。有些短视频运营者在创作短视频标题时,为了追求新奇就使用一些与内容无关的词汇,这不仅不能体现视频的主旨,还会模糊视频的内容,导致用户不知道运营者具体要表达什么。因此,在创作短视频标题时,一定要找准视频内容的要点,并清晰地展示出来,不给用户造成理解困难或误差。

(2)**负面表达**。抖音强调的是记录美好生活,如果视频运营者为了吸引用户的眼球而大肆使用负面词汇如"对身体有害""垃圾货"等来描述视频内容,以贬低某类产品或故意丑化某类人群等,不仅会违反平台的相关规则,还会使用户产生不适和焦虑,引发用户的投诉,导致相关账号被封禁。所以,要使用正面的、情感中性的词汇来描述视频内容,例如"健康盐""提供改善方案""可以一试"等。

(3)**虚假宣传**。一些抖音电商,在运营带货短视频或进行直播引流时,可能会在标题中用一些夸张的词语,虽然对短视频标题进行适当的修饰合情合理,但若是过度夸张,在毫无数据支撑的背景下运用"第一""最高""最好""极度"等极限词,就会违反平台的相关规则,被打上虚假宣传的印记，面临违规处罚。

此外，有些短视频标题使用比喻的手法时，可能会出现比喻不当，这不仅不能让短视频标题发挥出应有的作用，还可能误导用户，从而影响短视频的播放量，最终影响电商业务。

（4）强加于人。有些短视频运营者喜欢将自己的想法和态度强加于用户，而且不考虑用户的接受能力。典型的就是一些抖音电商在运营短视频的过程中，将自有品牌或其他品牌的理念等植入短视频标题中，强行让用户接受，表现出一种盛气凌人、不可一世的态度。这样做的结果就是，用户不仅不会接受短视频标题所表达的观点，还会产生抵触情绪。例如"爱她，就送她……""如果只能选择一款……，那必须是它""只有……才能拯救你的肌肤"等。在这种强势营销下，最终只会是商家蒙受损失。

高质量内容文案，为短视频注入灵魂

> ▶▶▶▶▶
> 　　内容文案，就像是短视频的"灵魂"，能为短视频增光添彩，甚至吸引用户持续关注短视频，进而关注抖音账号。创作短视频内容文案，实际就是为短视频营造更强的感染力，以契合用户情感，给用户营造更好的观看体验。

打造高质量内容文案就是要玩转文字表达

1．文案要通俗易懂

文案通俗易懂主要包括以下两方面。

（1）**语义通俗易懂**。这里是指通过文字的组合而展示出来的内容，要便于用户理解到位。例如有些短视频封面文案，如"居家急救单品""案头迷你小风扇"等就直击主题，能让用户快速理解短视频将要展示的产品。

为了让文案更加通俗易懂，在创作文案时要从以下3点出发：一是文案是否适合正在推广的媒体渠道；二是文案是否匹配产品面向的市场；三是文案是否对应产品的卖点。

（2）**适当的专业术语**。这是指要在文案中控制专业术语的使用量。专业术语本身是特定行业和领域中对一些事物特定的称谓。尽管专业术语看起来简洁、通用性强，但在实践中，专业术语往往令用户难以理解，而且快节奏的生活也会限制用户花时间查找相关专业术语的释义。所以视频文案要考虑用户的阅读时间和精力，用好的阅读体验让产品快速直达用户的脑海中。当然，这并不是说在文案中不使用任何专业术语，而是要控制专业术语的使用量，然后在视频中对术语进行解释，这也是让内容变得通俗易懂的方法之一。

2. 文案中只保留关键内容

在文案中，保留关键内容通常有以下3种方法。

（1）**删除冗余内容**。删除文案中没有意义、说服力弱、问题模棱两可的冗余内容，并强调和突出关键字词，可以让内容变得更加精炼的同时具有更强的传达效果，在阅读与视觉方面为用户营造双重美感。例如在促销活动期间，一些产品的展示视频为"领八折优惠券，纵享平台好物"。

（2）**突出重点内容**。这是说将文案中的中心内容以简洁、醒目的方式展现出来，甚至只用一句话，只要能说明重点内容即可。不过，短视频运营者在文案中突出重点内容时，要对具体的受众进行定位，找准这些受众的痛点，才能打造出重点突出的文案。例如"东北虎三胞胎全球征名""跟随中国航天，一起追光"等。

（3）字数适当。这是说将文案的字数控制在一个适当的范围内，而且还要用这适当的文字营造出一种韵律感，让文案读起来朗朗上口，主题明确。实际上，控制文案字数还具有突出主要内容的作用，特别是长篇文案若采用长短不一的段落，能让视频整体文案显得更加灵活生动。

3. 文案思路要通畅

在创作文案的过程中，思路也很重要。常用的短视频文案创作思路有归纳思路、演绎思路和递进思路，具体内容见表3-1所示。

表3-1 常用的文案创作思路

文案创作思路	表现形式	作用
归纳思路	就是一个总结的过程，从具体的前提过渡到一般性结论，从个性中归纳总结出共性	得到的结果在内容上会比之前的更加深入
演绎思路	用层层递进的逻辑关系，从一些假设的命题推导出另一命题	从一般性的前提过渡到具体结论，以说明想要表达的宗旨
递进思路	认识事物或事理层层递进，由浅入深、由表及里、由低到高、由小到大、由轻到重的一种思维方法	有助于展现文案内容更深刻的本质

抓住文案感染力的来源

1. 符合规范

在海量信息面前，只有那些符合规范、具备准确性的内容才更容易打动用户。对短视频运营者来说，文案的准确性和规范性是营造感染力的重要基础。具体来说，短视频文案的表达要规范、完整，避免语法错误和表达残缺；避免使用容易产生歧义或误解的词汇；不能自己创造词汇，切忌生搬硬套，要符合大众的语言习惯；文案要通俗，但不要低俗和负面。

例如在一些短视频文案中，出现过度宣扬拜金主义（"只认钱不认人"）、哗众取宠（"一生总得住一次总统套房"）等浮夸表述，莫名地迎合少数群体，而忽视广大受众的观感，最终只能被大众排斥在主流之外。

2．围绕热点

在创作视频文案的过程中，围绕热点打造内容，同样可以起到引流和广泛传播的作用。例如，被大家纷纷模仿的"潘周聃"一梗，来源于参加某节目的一名叫潘周聃的选手，他特别的出场方式，引得网民纷纷模仿，甚至一些官方账号将这个梗用在了自己的短视频中。例如抖音账号为"中国军工"的视频文案中就出现过"导弹也能'潘周聃'，发射瞬间尾焰划破长空"，将本来严谨的话题表述得更加轻松，也让熟知这个梗的网民能瞬间理解文案想要表达的含义。

3．精准定位

精准定位是营销文案能感染受众的关键。例如一些服饰品牌，专门针对不同身高的人群推出了相应产品，能迅速收获相关人群的关注。打造精准定位的短视频文案，关键是站在用户的角度思考问题，根据用户的需求，用有限的文字将产品的精髓表达出来，让用户能够非常容易地记住产品的特点。

4．专注于个性表达

专注于个性表达的文案更容易形成画面感，更容易被用户记住，从而激发他们对文案所描述产品的兴趣，进而实现产品的营销推广。例如抖音账号"四川广汉三星堆博物馆"的视频文案有"想入坑的看过来""往脸上贴金，还有什么问题留言给堆堆呀"等，就在字里行间表达出了与三星堆有关的特性。

5．运用创意

对短视频运营者来说，除了短视频主题要具备创意之外，也要用有创意的文案来为短视频服务，当然这也要避免生搬硬套、牵强附会。例如，为了突出创意视频的内容，文案可以从词语优美、方便传播、易于识别、内容流畅、契合主题、易于记忆、符合营运和突出重点等方面入手，打造花式文案，为用户带来不一样的观看体验。一些推广迷你厨房玩具的视频除了饱含怀旧风之外，文案也表现得生动有趣，例如食材加入热水锅叫作"泡个热水澡"。

关注评论区一角

对短视频运营者来说，视频的评论区也是可以发挥的角落。阅读评论已经成为很多人观看视频后的习惯。那么在抖音短视频的评论区，文案可以发挥哪些作用呢？

（1）**根据视频内容进行自我评论**。当视频的画面限制我们展示一些文案时，视频运营者可以抓住评论的功能，把一些与视频有关的重要信息（产品链接、产品的进一步说明等）展示在这里，让用户更加全面地了解产品。

（2）**回复评论区用户做出的反馈，与用户进行互动**。在用户做出反馈后，短视频运营者要尽可能在第一时间回复用户，让用户感受到你对他的重视。此外，可以选择那些靠前的、点赞量高的评论进行回复，这不仅可以减少回复的工作量，还能让更多用户看到你的回复。当然，在回复用户的过程中，一定要注意敏感问题和敏感词汇，尽可能地规避或采用迂回战术进行回复。

短视频文案的创作，除了要关注以上内容外，还要注意一些基础问题，例如不出现低级的文字错误，不要用错数字，也不要盲目而频繁地发布视频等。要多向优质博主学习，也可以自创风格。

带货短视频脚本与剧本撰写实操

> ▶▶▶▶▶
> 抖音短视频是吸引粉丝的重要通道。抖音短视频运营者在运营的过程中,只有创作出有吸引力的短视频,才能吸引用户,收获大量粉丝,而且高质量的短视频更容易获得平台支持。为此,我们就要从短视频的剧本或脚本入手,来策划优质短视频。

了解带货短视频的脚本与剧本的基础知识

1. 带货短视频的脚本与剧本的基本内容

(1)**带货短视频的脚本**。内容相对简单,侧重于表现故事的主线或发展大纲,更加倾向于设计短视频的内容。

(2)**带货短视频的剧本**。用来全面呈现短视频内容的整体脉络,以及各种细节要素,包括短视频内容发生的时间、地点,以及人物的动作、对话等细节。

由于短视频的呈现形式多样,所以策划短视频的内容时,脚本和剧本具有同等重要的作用,通常会将二者结合起来进行短视频内容的创作。例如,对于一些需要剧情表演的短视频,可能会对脚本和剧本进行创新,选择一种介于二者之间的形式,以满足画面设计、人物对话等细节的需要。

2. 带货短视频的脚本与剧本的构成要素

短视频的脚本与剧本通常由8个要素构成,他们分别是主题定位、人物设定、搭建框架、故事线索、场景设置、音效运用、影调运用、镜头运用，具体内容见表3-2。

表3-2　短视频脚本与剧本的构成要素

构成要素	具体内容
主题定位	视频内容的主题思想、真实意图
人物设定	视频人物的数量、人设的作用
搭建框架	视频的整体走向，例如色彩（要与对应产品的特性契合）、场景等
故事线索	视频剧情的走向、线索
场景设置	拍摄地点的选择，是室内还是室外
音效运用	根据视频内容调整相应的音效，用来渲染故事氛围，强化故事发生背景
影调运用	根据视频内容的情绪基调调试相应的影调（画面的明暗层次、虚实对比和色彩的色相明暗等之间的关系）
镜头运用	内容的各部分用什么样的拍摄技巧，例如哪些情节需要推镜头给出特写，哪些情节适合拉镜头展示全景

详解带货短视频的策划要点

抖音短视频的脚本与剧本的内容虽然存在一定的差异，但策划的基本要点是相似的，下面一一进行介绍。

（1）**跌宕起伏的剧情设置**。大多数用户更倾向于观看情节跌宕起伏的短视频。所以，为了让短视频更容易抓住用户的眼球，我们在设计脚本与剧本时一定要有层次感，无论是剧情的衔接还是剧情的高潮低潮，都要具有艺术性，要给用户带来良好的观看体验。也就是说，我们在设计剧情时，不能让人一看到开头就想到结尾，避免直线式剧情。

（2）**流行素材的应用**。抖音平台是一个泛娱乐化的平台，我们制作的短视频可以合理应用一些当下流行的素材，也就是被大家俗称为"段子"的内容。因此，作为短视频的运营人员，尤其是短视频的编剧，要在日常工作中把那些经典的、被大家熟知的、说出来大家就能心领神会的素材积累起来。这些素材不仅可以用在短视频的情节设计中，还能在日积月累中激发我们的创作灵感，让我们的思维更加活跃。有了活跃的思维，自然就能让短视频情节设置朝着脑洞大开的方向发展。

（3）**短小精悍的内容**。在抖音平台上，短平快的内容更受用户青睐。这就要求短视频编剧打造短小精悍的内容，对内容进行压缩，避免冗杂。

要想创作出短小精悍的内容，可以把提炼出的经典内容展示给用户。对于某一事件，编剧可以只靠镜头展示一处经典的情节，这就像是只选择演唱一首歌中的高潮部分，通过这部分内容，大家就能知道这是哪首歌，想要表达什么意思。

（4）**多样性的剧本风格**。每一位短视频编剧都有自己的独特风格，但有时候，若短视频的风格长期保持不变，难免会给用户一种墨守成规、旧调重弹的感觉。所以，在条件允许的情况下，短视频运营者可以组建多人的编剧团队，将编剧们的灵感进行融合，通过风格碰撞打造出更加多样化的剧本。

（5）**加入多重元素进行包装**。短视频剧本要生动有趣、富有立体感，给用户营造轻松有趣的观看体验。因此，在短视频剧本创作的过程中，可以将各种元素（搞笑类元素、悬疑类元素、感人类元素等）融入短视频中，来对短视频所要展示的内容进行艺术包装。

（6）**提前设定镜头感、画面感和声效感**。编剧在创作短视频剧本时，要提前对拍摄场景的构架、人物表情的展现和道具位置的摆放等进行设定。

此外，对于剧情需要的艺术处理（音效、色彩、剧情衔接等）也要提前敲定，以让剧本展示出来的内容更加饱满。特别是情节的衔接，编剧在创作剧本时需仔细斟酌，要根据剧本的整体风格，让情节的过渡流畅、自然而又具有感染力。例如，可以适当使用一些空镜头（景物镜头，仅展示自然景物或场面，而不出现与剧情人物有关的镜头）来进行情节过渡。

抖音短视频脚本创作要领

由于抖音短视频脚本的应用范围更广，所以接下来介绍一下带货短视频脚本的创作要领。

1. 爆款短视频的基本结构

影响抖音短视频播放量的因素有完播情况和互动情况。而影响完播情况和互动情况的关键是短视频内容的设计。这里，我们就需要从爆款抖音短视频的结构出发，来看看短视频都由哪些部分组成。

（1）**开头2~3秒的内容**。一条视频最吸引人的部分，能够吸引目标用户停留在该视频页面，并能够继续观看下去。

（2）**前期约20%时长的内容**。卖点输出，让被吸引过来的用户有效了解产品的基本信息。

（3）**中间约50%时长的内容**。宣传产品，详细阐述视频广告要宣传的产品（卖点、细节等）。

（4）**最后约10%时长的内容**。引导性内容，多为产品链接展示或价格优势，以推动用户购买。

2. 短视频脚本各部分创作技巧

（1）**开头2~3秒的内容**。高潮前置，用文案与用户互动等。

（2）**前期约20%时长的内容**。展示用户的痛点，加强用户的消费需求。

（3）**中间约50%时长的内容**。逐一讲述产品卖点，坚定用户下单的决心。

（4）最后约10%时长的内容。 给用户一个购买的理由（福利或不使用该产品可能面临的困扰）。

在创作短视频脚本的过程中，基本的逻辑是：将用户的痛点、疑问等放在开头，接着是卖点的总体展示，然后是对卖点逐一进行讲解，最后是给用户行动建议（下单），以促进产品转化。此外，在创作短视频脚本的过程中，要注意为短视频营造爆点，例如人设反差、剧情反转、紧跟热点、极具吸引力的道具、独家揭秘、人物冲突、向往的生活等，只要围绕爆点，将故事主线梳理清楚即可，如图3-8所示。

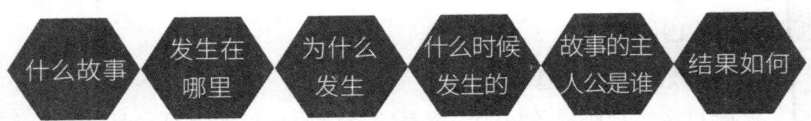

图3-8 短视频脚本故事主线梳理

例如，表3-3是为一本记忆脑科学方面的图书创作的短视频脚本。

表3-3 图书短视频脚本示例

镜号	运镜	时长	画面内容	台词	音效
1	大全景→近景	3秒	书房里，一张桌子跟前，3个小孩（小学生、初中生）正凑在一起看一本书，镜头推近翻开的图书内页	旁白：小朋友们，你们在做什么呢	无

镜号	运镜	时长	画面内容	台词	音效
2	特写镜头，镜头随人物移动	5秒	镜头依次对准3个小孩，3个小孩开始讨论	第一个小孩：怪不得我总是记不住数字，原来是方法不对。第二个小孩：古文总是背不熟，我要看看有什么记忆诀窍。第三个小孩：你们的这些问题，我也遇到过	无
3	中景→近景	20秒	3个小孩拼成了一个大脑的平面拼图，拼图的每一个小块上都展示着一种记忆方法。镜头由3个小孩逐渐靠近大脑拼图，并停留在大脑拼图上	旁白：11个记忆技巧呢，肯定能把知识记得快、准、牢。第一个小孩：如果掌握了高效记忆法，那以后学过的东西再也不怕记不住了。第二个小孩：记得每天要吃早餐哦，如果不吃早餐，对脑细胞可是有影响的。第三个小孩：记忆高手都在用的记忆法，边学边练，效果很不错呢	儿童版《孤勇者》的高潮部分响起
4	特写	2秒	3个小孩站起身，击掌欢呼，镜头逐渐拉远、淡去	无	无

内容游戏化，是短视频留住观众的诀窍

> ▶▶▶▶▶
> 为什么人们对抖音短视频这么有好感，这其实与抖音内容的娱乐化和游戏化是分不开的。所以，抖音短视频内容的打造，可以借鉴游戏思维，用美好的娱乐体验来打动用户，留住用户，最后实现营销。

1. 为用户提供一个简单的目标，与其保持良好的互动

对大众来说，观看抖音短视频已成为人们休闲放松的方式之一，碎片化的时间（排队等候时、居家休息时、坐车出行时等）是人们使用抖音的关键期。在借助游戏思维打造短视频时，要注意以下两点。

（1）要为用户提供一个简单的目标——观看抖音短视频能让用户获得什么。我们可以用"黄金3秒"（短视频前3秒）迅速让观众了解短视频的主题：以开门见山的方式直接进入主题，或者以直接抛出利益点、戳痛点、设置悬念等方式进入主题。例如有的短视频是展示某产品在某一场景下的用途，那么开篇就展示该产品在这一场景下的使用效果，后续再娓娓道来该产品的优势和独特性。

通常，用户更容易完整地看完时长较短的短视频，因此我们在使用游戏化思维打造短视频时，要将视频的时长控制在10~20秒。

为了让用户能够反复观看短视频，我们可以在短视频中设计较多对用户有用的知识点，并稍微加快相关知识点在短视频中的播放速度。

当然，有时候因为情节的需要，我们的短视频时长可能会比较长，那么可以在短视频的播放过程中给用户一些时间提示，例如"记得看结

尾处的彩蛋哦""反转在第27秒"等。

（2）及时向用户做出反馈——在评论区回复用户的留言。及时回复用户的反馈就像游戏中用积分、排名、道具等来奖励游戏者一样。在评论区留言的用户，都期待自己有被"翻"（回复）的机会。如果短视频运营者在评论区主动回复一些用户的留言，就能为用户带去很大的满足感与惊喜感，这是赢得用户信任和支持的一种有效方式。

2．制造冲突，让内容更加有趣

在使用游戏化思维打造短视频的过程中，我们可以通过内容差异和情节冲突来推动短视频情节发展，给用户制造更加精彩的视听享受。

例如，我们可以在短视频的开篇就给用户制造强烈的反差，并随着剧情的慢慢展开让用户了解反差的缘由。当然，我们也可以采用倒叙的方式，先给出结果，然后再娓娓道来产生这一结果的缘由。

3．传递价值，让用户有获得感

用户观看抖音短视频既是一种休闲方式，也是获得有价值内容的途径之一。运营者打造短视频时，要将有价值的内容传递给用户，这样，用户就会通过反复观看来学习短视频所提供的内容。这就像玩游戏的人都希望自己能够掌握每一关的通关要领，以便顺利升级，成为游戏中的王者。借鉴这样的游戏思维，当我们的短视频可以为用户传递有价值的东西时，用户在有获得感的情况下会更加乐意成为忠实粉丝。

4．独特设计，给用户制造期待

为用户制造期待，就是在视频结尾处留悬念，让用户对下一期的视频内容充满期待，持续关注这一抖音账号的内容更新状态。这就像人们期待游戏的下一关会有什么样的挑战一样。例如，在一些短视频的末尾采用类似这样的方式来结尾："真相会是什么呢？让我们期待下一期的内容！""欲知后事如何，请听下回分解。"

第四章

爆款带货短视频的诞生，离不开拍摄技术的加持

面对海量的信息，我们能记住多少，或者说更容易记住哪类信息，是有一定的逻辑可循的。短视频能否吸引用户，与其制作是否精良有着重要的关系。所以，带货短视频的创作，必须要有专业技术的加持。

准备好短视频拍摄设备

> ▶▶▶▶▶
> 与普通短视频相比,抖音电商带货短视频的拍摄要求更加严格,需要用专业的视频拍摄设备获得优质的拍摄效果,从而让短视频获得更高的点赞量和更快的传播速度,或者让短视频更好地引流,带领更多观众进入直播间。

这里,我们就来认识一下抖音短视频拍摄过程中常用的一些专业设备。

1. 灯光设备

在任何拍摄环境中,灯光设备都是拍摄短视频必不可少的工具。明亮的灯光是获得清晰画面的重要保证。同时,巧妙地使用灯光还能营造独特的艺术氛围,提高视频的美感,给用户呈现精彩而有质感的视频。

在拍摄带货短视频的过程中,常用的灯光设备主要有以下3种。

(1)**冷光灯**。冷光灯以冷光板为光源,在工作的状态下几乎不发热,而且功率比较小,十分节能。冷光灯的光源具有很强的方向性,并且光线强度较大,可以使人很容易判断出光线的照射方向和范围。

冷光灯具有淡化甚至消除阴影的功能,因此,比较适合用在背景光和人物轮廓光上,能使拍摄出来的短视频画面更干净、清晰和自然。不过,部分冷光灯的光线太强,如果将冷光灯作为主光源使用,会影响拍摄效果,因此,尽量选择可调光型的冷光灯。

(2)**LED灯**。LED灯以发光二极管为光源,可以发出红、黄、蓝、绿、青、橙、紫、白色的光。由于LED灯光的穿透性较弱,可控性较差，所以LED灯光比较适合近距离和创意照明，能使视频的画面看上去丰富有层次。

（3）**散光灯**。散光灯在拍摄电影时或者在演播室中使用比较普遍。散光灯的照明范围比较大，常常用于由上向下照射或者正面照射。散光类的照明设备还包括三基色荧光灯、调焦柔光灯、12头灯及气球等，这些照明设备发出的光线都比较均匀，十分适合视频拍摄。

散光灯常用在背景的打亮上，因为散射光是向四周均匀照射的光，可以照亮很大的范围，但是散射的光线更难控制。

2．摄影灯架

摄影灯架用于固定各种灯光设备，主要有三脚架摄影灯架、魔术腿摄影灯架和手持灯棒，如图4-1所示。三脚架摄影灯架可以在一定范围内调节高度，适用于为短视频拍摄提供不同强度的灯光，同时确保灯光照射的平衡性，也适用于直播补光、平面摄影等场景；魔术腿摄影灯架，横臂可以360度旋转，满足不同光位的拍摄需求；手持灯棒主要适用于运镜场景，以便让光始终打在商品主体上。

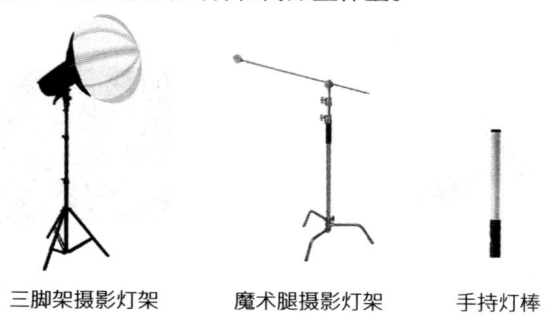

图4-1 常用的摄影灯架设备

3．产品拍摄台和产品展示旋转台

拍摄台主要用于拍摄小型物品，采用半透明的磨砂背景板，让光线变得均匀柔和（摄影灯放在拍摄台下面，通过台面的漫反射增强视频画面的立体感）。如果想在视频中360度展示产品全貌，就可以使用产品展示旋转台。产品展示旋转台还非常适合拍摄产品的主图视频。产品拍摄台和产品展示旋转台如图4-2所示。

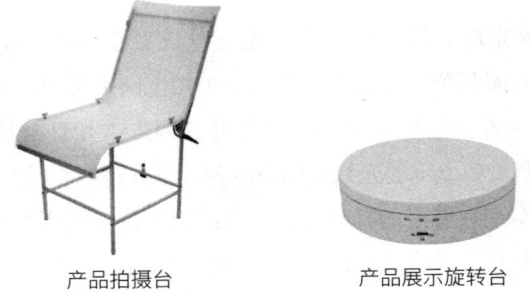

图4-2 产品拍摄台与产品展示旋转台

4．倒影板

倒影板（镜子、金属、陶瓷器、亚克力板、有机玻璃等）是由反射材质制作而成的，可以形成倒影效果。常用的倒影板有黑色和白色两种，如图4-3所示。黑色倒影板可以形成醒目的倒影，增加静物摄影的质感，如图4-4所示；白色倒影板主要用于视频拍摄，使用时将拍摄视角降低，能拍出白色倒影板上产品形成的淡淡的倒影效果。

图4-3 黑色与白色倒影板　　图4-4 黑色倒影板呈现的效果

5．布景道具

布景道具是拍摄短视频时用来突出产品亮点、提升整体画面视觉效果的道具。

短视频运营者可以根据产品整体所属的色系和使用场景来设计布景效果，再根据产品的特点来选择合适的拍摄道具，最后在特定的拍摄场景中布置好产品和道具的摆放顺序，以让拍摄的画面更加和谐美好。例如拍摄餐具时,可以选择厨房、餐桌等场景,道具可以是瓜果蔬菜以及各种食物;拍摄饮料等时可以选择运动场景,以冰块等作为道具。

6. 拍摄设备

(1) **智能手机**。拍摄功能越来越强大,诸多抖音短视频都是由智能手机拍摄和剪辑而成的。智能手机作为大多数短视频运营者的拍摄设备,具有诸多优势:小巧轻便,方便携带;操作方便,简单易学;实时分享,功能强大。

(2) **单反相机**。单反相机也是较为常见的短视频拍摄工具。单反相机的体积较小,能拍出画质更好的视频,整体性能要强于智能手机,且价格低于专业摄像机。

(3) **摄像机**。摄像机是更为专业的视频拍摄设备,在其他拍摄工具的辅助下,通过调整聚集、选择滤色片、调整黑白平衡等操作能拍摄出高质量的视频。不过摄像机较大,不便于携带,价格也高于智能手机和单反相机。

7. 稳定设备

(1) **三脚架**。三脚架可以用来稳定拍摄设备,以保证视频画面的稳定性。

(2) **手持云台**。手持云台适用于户外短视频拍摄和户外直播。需要走动拍摄时,手持云台能保证拍摄设备的稳定性。

三脚架和手持云台如图4-5所示。

图4-5 保证拍摄稳定的设备

8. 其他设备

（1）**录音设备**。录音设备可以保证短视频具有稳定的音质。例如麦克风、小型手持录音设备等，可以让采集到的声音更加集中和清晰，达到更好的收录效果。

（2）**绿布**。绿布是拍摄合成类短视频必不可少的设备，非常便于运营者进行抠像合成或更换短视频背景等处理，适用于各种后期场景。之所以选择绿布作为背景，那是因为荧光绿色在电脑系统中更容易与前景分离，同时这种颜色较为明亮，不易产生黑边。

好用的短视频前期拍摄技巧

▶▶▶▶▶ 准备好短视频拍摄设备之后，我们就需要利用有效的短视频拍摄技巧，来初步打造优质短视频。在拍摄短视频的过程中，关注镜头表达，用极佳的视觉效果为短视频赋予艺术感和美感，能有效提升短视频的质感。

带货短视频拍摄技法

1. 带货短视频构图方法

（1）**中心构图法**。将拍摄对象置于摄像机或手机屏幕的中心位置，即为中心构图法。这种构图方法能够有效突出画面重点，明确视频主体，使画面达到上下、左右平衡的效果，将观众的视线吸引到视频主体上，这种构图法在美食展示类视频中非常常见。

（2）**前景构图法**。在拍摄时，利用拍摄对象与镜头之间的景物进行构图。这样可以增加视频画面的层次感，让画面内容更加丰富，同时又能很好地展示视频的拍摄对象。这种构图法常用于拍摄花草相关视频时。

（3）**景深构图法**。景深是指在聚焦完成之后，焦点前后范围内呈现的清晰图像的距离。使用景深构图法时，当聚焦某一物体，该物体从前向后的某一段距离内的景物是清晰的，而其他地方是模糊的，这段清晰的距离就是景深。这种拍摄方法能增强视频画面的对比效果，突出主题元素。

（4）**仰拍构图法**。用不同的仰拍角度（30度、45度、60度、90度）构图。不同的仰拍角度，会有不同的拍摄效果。30度仰拍能让拍摄主体显得更加庄重；45度仰拍能让拍摄主体显得高大；60度仰拍能让拍摄主体显得更加高大；90度仰拍可以营造一种梦幻迷离的感觉。

（5）**光线构图法**。巧妙使用光线能让视频画面呈现出不一样的光影效果。在拍摄视频时，常用的光线有顺光、逆光、顶光和侧光。

①顺光：顺光光线来自拍摄对象正面，能让拍摄对象清晰地呈现出自身的细节和色彩。

②逆光：逆光光线来自拍摄对象背面，是一种带有艺术魅力的光影表现，可以勾勒出拍摄主体的线条，但是这种光线容易使拍摄主体出现曝光不足的情况。

③顶光：顶光光线来自拍摄对象的正上面，垂直照射在物体上，物体下方会映出阴影。

④侧光：测光光线来自拍摄对象的侧面，会出现一面明亮一面阴暗的效果，能很好地体现物体的立体感和空间感。

（6）**黄金九宫格构图法**。此方法为基于黄金分割比例（1∶1.618）的一种构图方式。在拍摄视频时，引入黄金分割比例可以使画面看上去更加自然、舒适、和谐。

在黄金九宫格构图法中，用横向和竖向各3条线把画面平均分成9块，中心块的4个角点就是画面的黄金分割点，如图4-6所示。在拍摄短视频时,可以将拍摄主体安排在任意点上,以完成视频拍摄。

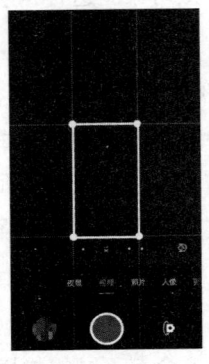

图4-6 九宫格构图法中的黄金分割点

与九宫格构图类似的还有三分构图法:用两条竖线或两条横线将画面三等分,在拍摄时,将拍摄主体放在某一条三分线上。

(7)**对角线构图法**。将画面中的两个对角用线连接起来,形成一条连线,这能使画面富有动感和延伸感。

2. 带货短视频的运镜方法

在拍摄短视频时,为了使画面更有动感和代入感,可以使用前推运镜、后拉运镜、旋转运镜、环绕运镜、平移运镜和摇移运镜等运镜方法。

(1)**前推运镜**。在拍摄时,镜头向前推动,由远到近进行拍摄,使拍摄场景由大到小。在使用前推运镜的过程中,当镜头逐渐靠近拍摄主体时,画面外框逐渐缩小,画面内的景物逐渐放大。前推运镜能很好地突出拍摄主体的细节,可以用来拍摄人物、景物等。

(2)**后拉运镜**。在拍摄时,镜头向后拉远,由近到远进行拍摄,使拍摄场景由小到大。后拉运镜可以把观众的注意力由局部引向整体,能让观众的视野逐渐放大,从而接收更多的画面信息。

(3)**旋转运镜**。在拍摄过程中通过旋转拍摄设备或围绕一个主体进行旋转拍摄。这种运镜方法能增加视觉效果,一般应用于两个场景之间的过渡，可以拍出翻转和时空穿越的感觉。

（4）**环绕运镜**。拍摄设备围绕拍摄主体进行环绕拍摄。这种运镜方法能够突出主体、渲染情绪，让整个画面更有张力，带给观众一种巡视般的视觉体验，适合用在空间和场景的叙述与渲染方面。在使用环绕运镜方法时，为了匀速拍摄出一镜到底的效果，需要借助稳定器横向或纵向进行环绕拍摄。在拍摄过程中，要将拍摄主体置于画面中心，并确保拍摄设备与拍摄主体之间的距离保持不变，并匀速稳定拍摄。

（5）**平移运镜**。拍摄设备从左向右或者从右向左平行移动进行拍摄。这种运镜方法通常用于拍摄大型场景，不仅能记录更多的场景和画面，还能使静止的画面呈现出运动的效果。使用平移运镜方法拍摄出的画面能给人们带来一种巡视和展示的观感。

（6）**摇移运镜**。上下左右摇晃镜头进行拍摄。在特定的环境中，使用这种运镜方法可以拍出模糊和强烈振动的效果。

除了以上运镜方法之外，还有升降运镜、俯视运镜等多种运镜方法。将这些运镜方法穿插使用，能打造出更加优质的带货短视频。

智能手机短视频拍摄基本操作

1. 用智能手机拍摄短视频

智能手机是大多数人拍摄短视频的设备。我们利用智能手机不仅可以拍摄出画质清晰的短视频，还可以直接使用智能手机自带的软件对短视频进行剪辑处理。下面，我们就来讲下用手机拍摄短视频的方法。

首先，对手机的摄像功能进行基础设置。例如对手机摄像功能的视频分辨率和帧率进行设置，以保证拍摄的视频画面具有较高的清晰度。图4-7所示是某手机的视频分辨率和帧率的设置页面，在设置的时候，可以将分辨率设置为4K或者1080P，帧率设置为60帧，以确保视频画质的效果更好。

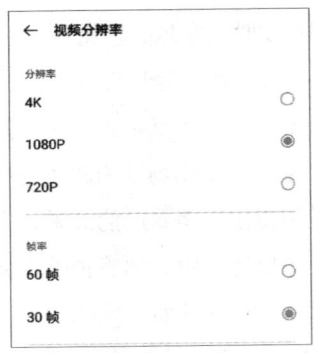

图4-7 某手机视频分辨率和帧率设置页面

其次,进行拍摄主体的对焦、曝光度的调整,调出网格线等辅助拍摄工具,如图4-8所示。只有前期将这些准备工作做好,才能保证拍出的视频画质和整体效果较好。

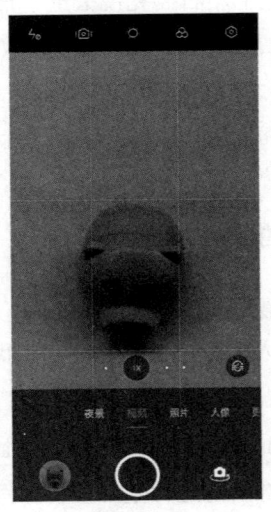

图4-8 调出辅助拍摄工具

在用手机拍摄视频的过程中,可以将构图方法与运镜方法加以运用,还可以根据各款手机相应的拍摄功能,使用滤镜对视频进行美化,以及根据拍摄需要放大或缩小拍摄主体。

2. 使用抖音 App 拍摄短视频

我们除了可以使用智能手机的摄像功能拍摄短视频之外，还可以直接使用手机上的抖音App拍摄短视频，具体操作方法如下。

进入抖音App的拍摄页面，如图4-9所示，选择拍摄内容的形式（有发图文、分段拍、快拍、模板等），确定要拍摄视频的长度，还可以为所要拍摄的视频添加滤镜，如果短视频中有出镜人物，还可以为人物开启美颜功能。

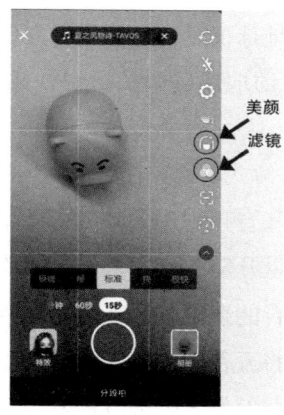

图4-9 抖音短视频的拍摄模式

熟知爆款带货短视频的拍摄要点

> ▶▶▶▶▶
> 掌握了短视频的拍摄技巧之后，在具体拍摄带货短视频的过程中，还有一些与产品相关的拍摄要点。带货短视频对拍摄形式、拍摄技巧有很高的要求。

带货短视频的拍摄形式

用特定形式的短视频来展示产品，不仅能很好地呈现出产品的功能，还能有效刺激用户的消费欲望。在拍摄带货短视频时，以下一些拍摄形式可供选择。

（1）场景化。场景化就是拍摄产品的使用场景，让用户感知到在这样的场景中，该产品能够为其带来哪些好处，进而产生购买欲望。例如某短视频在推荐地球仪时，选择用书房作为场景，同时还有小朋友在场，拍摄者边转动地球仪边拍摄短视频，同时还与小朋友进行互动。

（2）讲解式。讲解式是通过视频画面展示产品，并通过出镜人物的讲解或直接以字幕和音频的形式来讲解产品的卖点、功能。例如在某短视频中，拍摄者以开箱的形式来展示一款五谷米（大米、糯米、糙米、黑米、红米混合的杂粮），从快递盒中拿出该产品时，就能看到是真空包装，然后将五谷米倒入碗中，近距离展示五谷米的细节，对其中每一种谷物的营养价值等进行讲解，然后在餐桌上展示蒸熟后冒着热气的五谷米被人们享用的场景。

（3）情景剧。情景剧就是设置有足够吸引力的情景，将用户带入特定情景并让其对产品产生兴趣。在设计这类情景剧时，短视频运营者可以多观察其他账号的同类视频都有哪些独特的设计，同时，也可以借鉴搞笑博主的创意，用有趣、能引起共鸣的情景来引出相关产品。例如，原创视频自媒体账号papi酱，在抖音上也有庞大的粉丝群体，多学习这类视频的创意点，再发散思维，创作有趣、有价值的情景剧。

不同类型产品的拍摄技巧

（1）**外观型产品**。拍摄这类产品时，要重点展现产品的外在造型、图案、颜色、结构、大小等，可以采用这样的拍摄思路：整体→局部→特写→特点→整体。例如，在拍摄瓷器类产品时，首先，拍摄满满一陈列架的瓷器。从其次，选择某一瓷器，用特写镜头拍摄它的花纹、质感和局部细节。再次，拍摄某一瓷器作为装饰品陈列在某一场景所营造出的氛围。最后，从不同角度展现某个瓷器的整体外观。

（2）**功能型产品**。这类产品通常具有一种或多种功能，能够解决人们在生活中遇到的一些难题。在拍摄该类产品的视频时，应将重点放在展示这类展品的功能和特点上，可以采用这样的拍摄思路：整体外观→局部细节→核心功能→使用场景。例如，在拍摄一款电热烧水壶时，首先，拍摄它的整体外观，其次，拍摄它的内外部材质和开关等细节，最后，拍摄使用该烧水壶时的声音大小，以及断电后的保温效果等。

（3）**综合型产品**。这类产品兼具好看的外表和完美的功能，在拍摄时要将二者兼顾，并根据产品的使用场景对其进行充分展示。例如，智能手表、智能手机等产品，人们不仅对其外观有不同的要求，还要求其有极佳的功能。在拍摄这类产品的短视频时，首先，要用炫酷的视频开场来抓住用户的眼球，其次，尽可能多地展示其性能和外观设计细节。

（4）**不同材质的产品**。不同材质的产品，对光有不同的要求，因此我们根据材质将产品划分为吸光体、反光体和透明体三类，并采用不同的拍摄技巧，具体内容见表4-1。

表4-1 不同材质产品的拍摄技巧

不同材质的产品	举例	特点	拍摄技巧
吸光体	衣服、家具、桌椅、食品、水果等	表面相对粗糙,颜色稳定统一,视觉层次感强	布光以侧光或斜侧光为主。光源最好采用较硬的直射光,能更好地体现出产品原本的色彩和层次感
反光体	金银首饰、玻璃制品、塑料制品等	表面通常比较光滑,反光性强	注意被拍摄物体表面的光斑和黑斑,并利用反光板或灯箱等设备,尽可能让产品表面的光线更加均匀。色彩渐变要有规律,让产品整体看起来更加真实
透明体	玻璃制品、塑料制品等	具有很好的透光性	布光采用高调或低调。高调:使用白色的背景,同时背光拍摄,商品表面看上去会显得简洁、干净。低调:使用黑色背景,在产品两侧或顶部打柔光,或者两侧安装反光板,以勾勒出商品的线条

手把手教你用剪映做视频后期处理

> ▶▶▶▶▶
> 带货短视频的剪辑处理,可以借助抖音官方的剪辑软件——剪映App来实现。剪映的剪辑功能比较强大,可以对视频进行有效的剪辑处理,来让其呈现出更理想的画面效果。

● 认识剪映

剪映作为抖音官方的视频剪辑工具,还能实现图片编辑、图片制作,可以帮助抖音短视频运营者轻松剪出独家视频。通过剪映剪辑的视频,可以直接发布到抖音平台上。

剪映除了有手机端外,还有电脑端。下面以手机端的剪映为例进行介绍。

1. 剪映的模块

如图4-10所示是剪映的"剪辑"页面,可以看到有"一键成片""图文成片""拍摄"等功能。

如图4-11所示是剪映的"剪同款"页面,除了"一键成片"外,还有"纪念日"、"行业模板"(节日节点、企业宣传、营销、政务媒体、自媒体、婚礼爱情、萌娃家庭、医疗健康、教育培训、生日、人物介绍)、"每日打卡"、"排行榜"(最热歌曲、最火玩法、抖音飙升榜、优秀创作人榜单、百万粉创作人榜单),以及"全部"话题和"生活挑战"。

如图4-12所示是剪映的"创作课堂"页面,实际上是一个学习中心，展示了短视频拍摄、剪辑、变现方面的课程，供短视频运营者和创作者学习。

图4-10　剪映"剪辑"页面

图4-11　剪映"剪同款"页面

图4-12　剪映"创作课堂"页面

2．剪映的基本功能

如图4-13所示为剪映的部分功能展示页面。

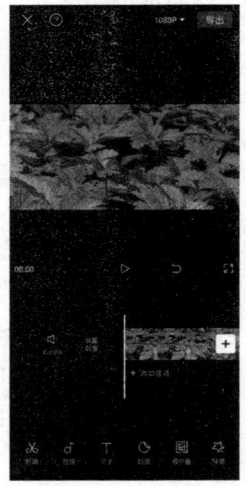

图4-13　剪映功能展示

下面具体讲下剪映的各个功能。

（1）**剪辑功能**。其中包含分割、变速、音量、动画、删除、智能抠像、抖音玩法、音频分离、编辑、滤镜、调节、美颜美体、蒙版、色度抠图、切画中画、替换、防抖、不透明度、变声、降噪、复制、倒放、定格等。

（2）**音频功能**。其中包含音乐、版权校验、音效、提取音乐、抖音收藏、录音等。

（3）**文字功能**。其中包含新建文本、文字模板、识别字幕、识别歌词、添加贴纸等。

（4）**贴纸功能**。其中包含收藏、emoji、热门、遮挡、指示、爱心等。

（5）**画中画功能**。其中包含新增画中画（使一个视频出现两个或更多视频画面）等。

（6）**特效功能**。其中包含画面特效、人物特效等。

（7）**素材包**。此功能包含可以用在各类短视频的片头、片尾、互动引导等方面的素材。

（8）**滤镜功能**。此功能可以挑选适合人像、风景、美食等方面的多类滤镜。

（9）**比例功能**。此功能可设置画面比例。

（10）**背景功能**。其中包含画布颜色、画布样式、画布模糊等。

（11）**调节功能**。其中包含亮度、对比度、饱和度、光感、锐化、高光、色温等的调节。

用剪映处理短视频的基本操作

1. 视频的导入及剪辑处理

打开剪映，点击"开始创作"，添加想要处理的一个或多个短视频,进入剪辑页面,如图4-14所示。拖动视频轨道中的画面至需要剪辑的位置,然后点击"剪辑",进入视频剪辑处理页面,如图4-15所示,此时就可以对视频进行各项剪辑处理了。

图4-14 视频剪辑页面

图4-15 视频剪辑处理页面

例如,若想在短视频中添加文本,则需要拖动视频轨道至相应的位置,然后点击"新建文本",再根据需要添加不同类型的文字,如图4-16所示。文字添加完成之后,滑动文字所在的轨道,如图4-17所示,还可以继续调整文字在视频中出现的位置。

图4-16 添加文字

图4-17 滑动文字所在的轨道

再如，若想对视频进行调色处理，可以通过"调节"功能来实现。如图4-18所示是对视频进行了光感处理，还可以通过拉动调节条（如图4-19所示）将相应的调节效果应用到需要的视频范围内。

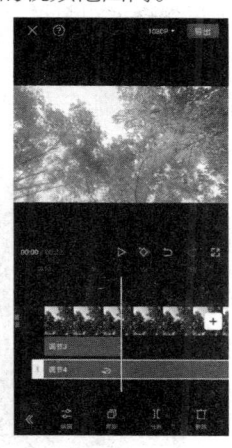

图4-18　进行光感处理　　　　　　图4-19　拉动调节条

在完成视频剪辑处理工作之后，还需要为视频设置封面。如图4-20所示，可以左右滑动视频轨道选择视频片段作为封面，也可以使用剪映上面的封面模板。此外，还可以为视频封面添加文字，如图4-21所示，最后点击"保存"即可。

图4-20　设置视频封面　　　　　　图4-21　为封面添加文字

2．视频的导出与发布处理

在完成视频所有的剪辑和封面处理工作之后，可以点击"导出"选项导出短视频，如图4-22所示。

经剪辑处理好的视频，就可以发布到抖音平台上了。如图4-23所示，选择封面，添加完成作品描述、话题等后，即可在抖音App上发布相应的短视频了。

图4-22　导出短视频　　　　图4-23　在抖音App上发布短视频

第五章

短视频引流技巧：玩转抖音，提升转化

每一条带货短视频的创作，都不是一蹴而就的。一条创意短视频的诞生，从最初的策划，到拍摄，再到后期制作，都需要运营人员精心打磨。用创意短视频带货，需要从产品的角度出发，寻找视频创作的突破口。

"DOU+"工具,助推短视频上热门

> ▶▶▶▶▶
>
> 抖音电商在抖音上发布短视频之后,需要及时对其进行营销推广,来为短视频引流。对抖音电商来说,"DOU+"是一个助推短视频上热门的有力工具。短视频运营者只要付费购买"DOU+"工具,抖音平台便会将视频推荐给更多用户,这能提高视频的播放量与曝光量。

◉ "DOU+"工具的投放操作

在抖音上,很多新发布的视频通常没有太多人气,这时短视频运营者可以选择"DOU+"工具来为相应的短视频获取更多流量。"DOU+"工具是抖音平台为用户提供的一款付费视频"加热"工具。用户付费购买"DOU+"工具,实质就是花钱买流量。我们既可以为自己的短视频投放"DOU+"工具,也可以为我们喜欢的、想要支持的短视频投放"DOU+"工具。下面,我们就来介绍下"DOU+"工具的投放操作事项。

1. 为自己的短视频投放"DOU+"工具

第一步:进入抖音账号的个人主页,点击"☰",进入创作者服务中心,就能看到"DOU+"工具,如图5-1所示。

第二步:点击"DOU+"工具,进入视频选择页面,如图5-2所示。选择好相应视频后进入"DOU+上热门"页面,如图5-3所示。在"DOU+

上热门"页面，我们可以为选择好的视频，购买"DOU+"工具。

 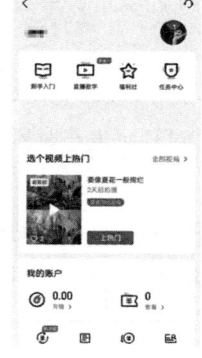 

图5-1 "DOU+"工具　　图5-2 "DOU+"视频选择页面　　图5-3 "DOU+"上热门"页面

第三步：选择好相应的视频后，进入"DOU+"工具投放页面。

"DOU+"工具的投放模式有两种，分别是速推版和定向版，如图5-4和图5-5所示。

图5-4 "DOU+"速推版投放页面　　图5-5 "DOU+"定向版投放页面

速推版的投放信息设置比较少，选择希望推荐的人数和希望提升的指标后，点击付费即可。定向版的投放信息设置比较多，主要有以下几项。

① 期望提升的方向：门店曝光、主页浏览量、点赞评论量、粉丝量。

② 投放时长：2小时、6小时、12小时、24小时。

③ 投放地域：默认仅针对视频发布时所设置地点附近6千米内的人群进行投放。

④ 把视频推荐给潜在兴趣用户：一是系统智能推荐；二是自定义定向推荐，可以对用户性别、年龄、地域、兴趣标签、达人粉丝等进行自定义设置。

选择好投放方式后，完成付费即可实现"DOU+"工具的投放。

2．为他人的视频投放"DOU+"

在图5-3中的"支持Ta"就是为他人投放"DOU+"工具，具体操作过程中如下。

点击"支持Ta"，进入"DOU+上热门"页面，如图5-6所示，根据提示即可完成"DOU+"工具投放。

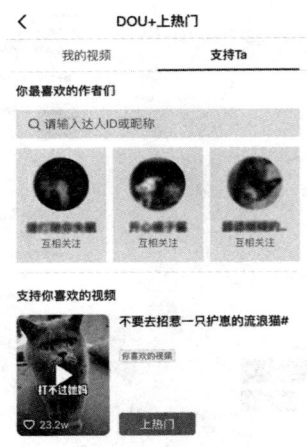

图5-6 "DOU+上热门"页面

此外，我们还可以在观看短视频的过程中，直接为我们喜欢的抖音账号投放"DOU+"工具。例如,在图5-7所示的短视频播放页面,点击转发标记,在弹出的页面中选择"帮上热门",如图5-8所示,然后进入"DOU+"工具投放设置页面,如图5-9所示。

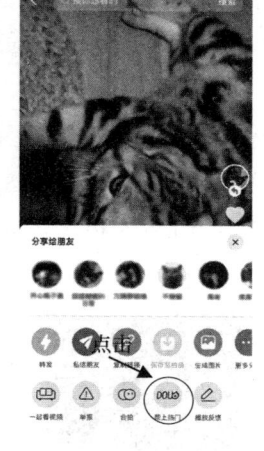
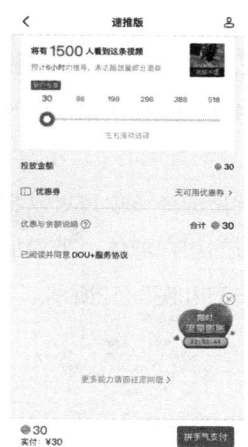

图5-7 点击转发标记   图5-8 选择"帮上热门"   图5-9 "DOU+"工具投放设置页面

掌握投放技巧,让"DOU+"工具发挥最大效益

1. 投放时间的选择

短视频发布在抖音上后,通常有一个"短视频助燃黄金期"——短视频发布后的1~2小时,这个时段是"DOU+"工具最好的投放时间。这是因为在短视频发布后的1~2小时,平台会给短视频提供一定的流量基础,在此基础上,如果投放"DOU+"工具,那么在双重流量的作用下,对助推短视频上热门非常有帮助。

同时,在投放"DOU+"工具时,每一次投放的额度都不宜过高,应当适量投放,根据具体的效果再追加投放也是一种选择。此外,短视频运营者要根据平台用户的活跃高峰期(每天18:00-24:00)投放"DOU+"工具。

2. 投放模式的选择

在投放"DOU+"工具时，短视频运营者还需要结合自己的账号内容及目标粉丝画像来选择投放人群，即可以在速推版和定向版之间选择符合推广要求的模式。例如，某童书带货短视频，在投放"DOU+"工具时，选择定向版模式，还将目标用户信息设置为"全国范围内年龄24~40岁"。

"DOU+"工具的定向版模式还支持"达人相似粉丝"推荐，也就是选择该项目可以将短视频内容推荐给垂类达人粉丝或与该类达人相似的用户群体，来增加投放人群的精准度，具体设置步骤如图5-10、图5-11和图5-12所示。

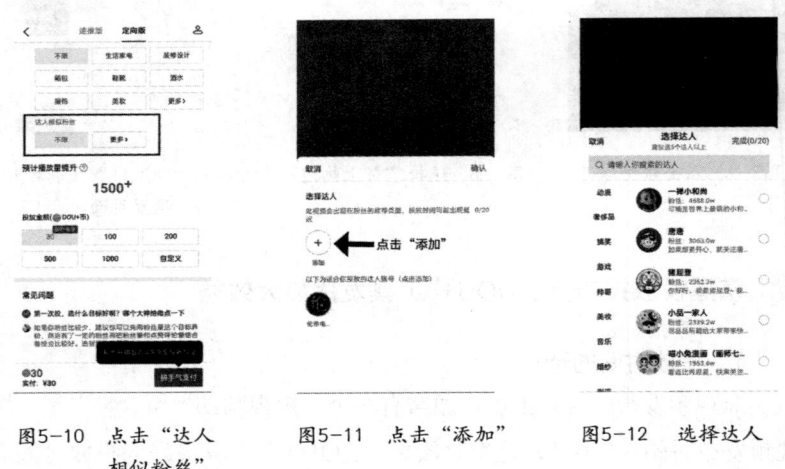

图5-10　点击"达人　　图5-11　点击"添加"　　图5-12　选择达人
　　　　相似粉丝"

在使用"DOU+"工具时，一定要遵循"小额多次"的原则（多次投入，但每次投入的金额不宜过多）。此外，还需要遵循"DOU+"工具的使用规则，保证视频不会出现违规情况，以免"DOU+"工具审核无法通过。当然，"DOU+"工具只能起到锦上添花的作用，视频播放量的有效提升，主要取决于视频内容的质量。如果视频内容的质量没有保证，即使投放再多的"DOU+"工具也无法达到想要的效果。

抖音搜索，让粉丝主动找上门

> ▶▶▶▶▶
> 抖音搜索板块往往能带来巨大的流量，很多抖音用户都是通过该板块来查找自己想要的内容的。因此，抖音短视频运营者要多加关注该板块的功能，为自己的短视频赋能，让更多的粉丝通过搜索直接找上门。

● 抖音搜索板块的主要内容

抖音搜索板块包括"猜你想搜""抖音热榜""同城榜""直播榜""音乐榜""品牌榜""电影榜"，下面就对其中的几项进行介绍。

1. 猜你想搜

"猜你想搜"（如图5-13所示）主要是抖音平台根据用户对智能推荐短视频的态度、兴趣而进行的个性化推荐展示。抖音用户点击该板块中的任何一条信息，即可看到大量与该条信息内容相关的视频、用户、商品、直播等。在"猜你想搜"板块显示的内容都是抖音用户搜索次数较多的内容，这些内容能够聚合大量的兴趣人群。如果短视频运营者可以打造出与之相关的内容，自然就能吸引大量对该内容感兴趣的用户。

图5-13 "猜你想搜"板块

2. 抖音热榜

"抖音热榜"（如图5-14所示）是抖音平台根据实时热度对信息内容进行排名展示的榜单。如果用户对某一热度的内容感兴趣，就可以点击查看相关详细内容。抖音热榜是抖音平台衡量内容热度的重要榜单，短视频运营者在打造视频时，可以有选择地借助这些平台热点，为自己的视频增加吸引力。

3. 直播榜

"直播榜"（如图5-15所示）是抖音平台根据实时直播数据进行直播账号排名展示的榜单。抖音用户如果想要观看直播，但又不知道如何选择，就可以通过直播榜来选择自己感兴趣的直播进行观看。在直播榜中，排名靠前的账号的直播能力和引流能力都非常强，抖音电商运营者可以通过观看这些优秀的带货直播，学习必要的直播带货技巧，以完善自己的直播内容，吸引目标的用户，实现销量提升。

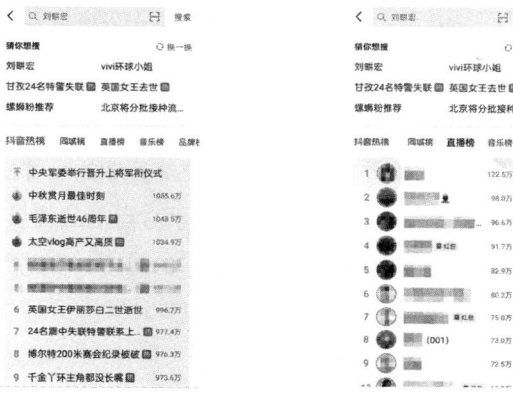

图5-14 抖音热榜

图5-15 直播榜

4. 音乐榜

"音乐榜"（如图5-16所示）是最受抖音用户欢迎的音乐排行榜。点击音乐榜中的任何一首音乐或滑到页面底部点击"查看完整音乐榜单"，就可以看到"热歌榜""飙升榜""原创榜"，如图5-17所示。在抖音平台，一条短视频的火热程度与背景音乐也有一定的关系，因此，抖音短视频运营者在打造自己的短视频时，可以在音乐榜中寻找与自己的视频内容契合的音乐并加以应用，来为自己的短视频增加吸引力。

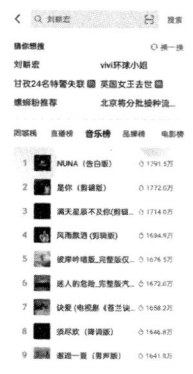

图5-16 音乐榜

图5-17 音乐榜分类排行榜

087

5. 品牌榜

"品牌榜"（如图5-18所示）是抖音平台根据品牌的热度对其进行的排名展示。在品牌榜页面底部，点击"查看完整品牌榜"，即可查看完整的"品牌热DOU榜"，如图5-19所示。在品牌热DOU榜可以查看食品饮料、家用电器、服饰鞋帽、母婴、日化等行业的品牌榜单，每个榜单会对行业内热度排名前30的品牌进行展示。点击品牌热DOU榜中的任意一个品牌账号，就可以查看该品牌账号的热度、粉丝数、本周涨粉、被转发数及收获赞数等关键运营数据，如图5-20所示。

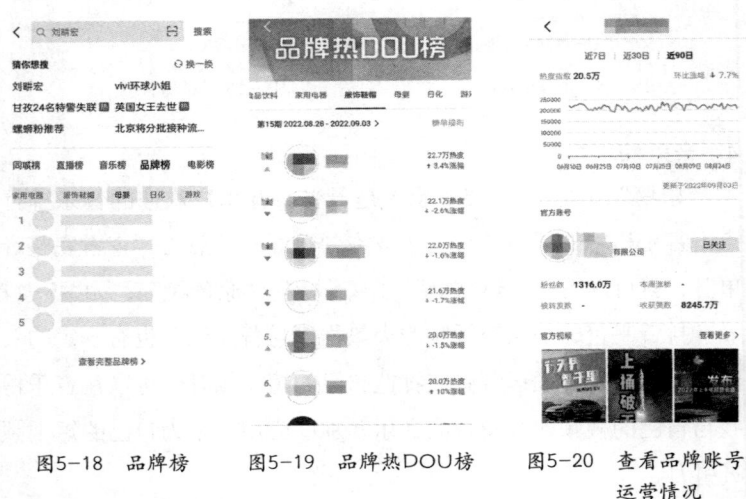

图5-18 品牌榜　　图5-19 品牌热DOU榜　　图5-20 查看品牌账号运营情况

抖音短视频SEO，帮助获取更多流量

SEO，是Search Engine Optimization的缩写，意思是搜索引擎优化，即通过对内容的优化来获取更多流量，从而实现相应的营销目标。抖音SEO的重点在于视频关键词的选择，主要有以下两种方法。

1. 根据短视频内容确定关键词

视频关键词必须符合抖音账号的定位及短视频的内容。如果关键词与视频内容不对应，那观看视频的用户就很可能会直接滑过。我们选取关键词的目的是吸引并留住用户，如果关键词起不到这样的作用，那么所选取的关键词就没有意义了。

2. 通过预测的方式确定关键词

通过预测的方式确定短视频的关键词，需要短视频运营者预测用户搜索量较高的热点关键词。热点关键词源于社会上的热点新闻事件。当热点新闻事件发生后，就会出现一大波新关键词，其中搜索量最高的关键词就会成为热点关键词。抖音短视频运营者需要抢先预测出热点关键词，并将其用在短视频中。通常，预测热点关键词有4个方向，如图5-21所示。

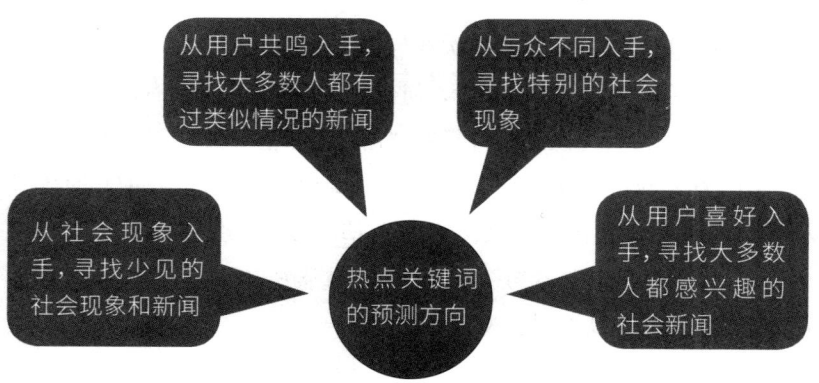

图5-21 预测热点关键词的4个方向

关注五大指标，做好短视频数据诊断

▶▶▶▶▶

对于已经发布的抖音短视频，抖音电商可以从完播率、点赞率、评论率、分享率、涨粉率这5个指标入手，来对其进行诊断。抖音短视频对应的数据通常比较简单，通过对这5个指标的分析，可以评估短视频的受欢迎程度以及找到短视频运营需要改进的方向。

1. 完播率

完播率是视频的完整播放次数与视频播放次数之比。完播率是衡量短视频是否吸引人的重要指标，与视频获得的流量多少有很大关系。抖音短视频运营者可以通过抖音的"创作者中心"或"创作者服务中心"的"账号数据"板块查看短视频的相关数据（一定要提前开通数据权限，才能及时关注到相关数据的变化情况），如图5-22和图5-23所示。通过数据对比，抖音短视频运营人员就能发现自身在短视频运营方面的优势与劣势，从而找到改进方向。

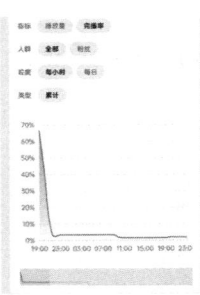
图5-22 "账号数据"板块

图5-23 短视频播放情况

爆款视频的时长大多在30秒以内。因此，为了提升这类视频的完播率，抖音短视频运营人员要有效控制视频的时长，然后通过精准的内容捕捉，以及使用文案、音乐和镜头的变化等强化视频所要表达的内容。

要想提升时长超过1分钟的视频的完播率，就需要视频节奏明快不拖沓，为此可以从以下几方面入手。

（1）**全程"背景+字幕"**。例如，在讲解商品的短视频中，全程展示商品，同时根据讲解进程用字幕展示商品的关键信息，这种商品背景结合字幕的展示方式，能很好地引导用户将注意力聚焦在商品的核心卖点或作用上。

（2）**抓住视频开头**。视频的前2~3秒尤其重要，如果在这个时间内你视频的数据与热门数据有很大落差，那么就需要设计一些巧妙的开头来抓住用户的眼球，例如悬念式开场（例：到底是什么样的一把伞，为什么一月之间火爆全网）、开门见山式开场（例：有用的知识——帮你鉴别假货）等，以吸引兴趣人群观看短视频。当然，视频开头的色彩、画面构图、布景、出镜人物形象等也要进行优化，以吸引观众停留。

（3）**商品卖点的结构化讲解**。就是根据一定的逻辑关系，将商品的卖点分条讲解清楚，让用户完整地了解某产品。

（4）**结尾处给出行动引导**。在短视频的结尾处展示产品的使用效果、使用体验等，可以起到引导用户消费的作用。

2．**点赞率**

点赞率是视频点赞数与视频播放量之比。点赞率反映用户对视频内容的认可或喜爱程度。商家可以借助互动曲线来观察和自查自身的点赞率。点赞率曲线可以反映哪个触点是用户点赞的，研究这些触点的用户点赞动机，可以分析出用户行为及其偏好，然后将这些经验积累起来，就能更全面地了解视频受众的喜好，从而提升相关视频的创作能力。

3．**评论率**

评论率是视频评论数与视频播放量之比，反映了用户与视频创作者的互动情况。抖音电商可以通过以下方式进行评论率的自查与提升。

① 在视频中引导用户评论的提示语。例如："大家还对哪些产品有需求，请在评论区留下它们的名字哦！"

② 在视频文案中设置一些能够引起用户关注的话题，或者在评论区与用户进行积极地互动，针对一些特别有趣的互动，运营者更要积极回复，以吸引更多观众留言互动。

4．分享率

分享率即转发率，是视频分享数与视频播放量之比。短视频的分享率越高，被浏览的机会就越多。提高短视频分享率的关键因素是内容。只有当内容能打动用户、引起用户的共鸣时，他们才愿意对内容进行分享。为此，可以从以下几个方面入手，来提升视频内容的质量，进而提升视频的分享率。

（1）**内容要有价值，让用户可以学到干货**。例如各类知识输出和技能普及推广视频，摄影达人分享的摄影教学视频，以及美食达人分享的美食制作视频等。

（2）**内容要有趣，让用户收获快乐**。例如各类幽默搞笑视频、萌娃萌趣分享视频，以及各类幽默有趣的时事评论视频等。

（3）**内容要共情，能引起用户的共鸣**。例如各类传递正能量、展示美好生活、紧跟时事的视频。

5．涨粉率

涨粉率是账号涨粉数与视频播放量之比。涨粉率能反映一定时期内视频内容的受欢迎程度。因此，提高短视频涨粉率的前提依然是做好短视频内容。短视频运营人员可以组织一些线上的抽奖活动，将参与活动的条件设置为点赞、收藏并关注自己，以提升自己的涨粉率。

巨量百应工作台,助力达人做好短视频诊断

> ▶▶▶▶▶
> 在发布了带货短视频之后,抖音电商达人可以通过抖音电商巨量百应工作台来了解短视频带货过程中各项指标的变化,以及与同行业同等级达人的各项数据的对比情况,同时还能获取平台提供的带货短视频专业诊断建议,帮助达人进行更全面的复盘,进而为后续的带货短视频创作和发布提供参考。

◉ 认识巨量百应工作台短视频诊断页面

如图5-24所示是巨量百应达人工作台的短视频诊断页面。在该短视频诊断页面,达人可以查看短视频的各项运营数据及相关诊断反馈,进而总结运营经验,提升短视频运营能力。

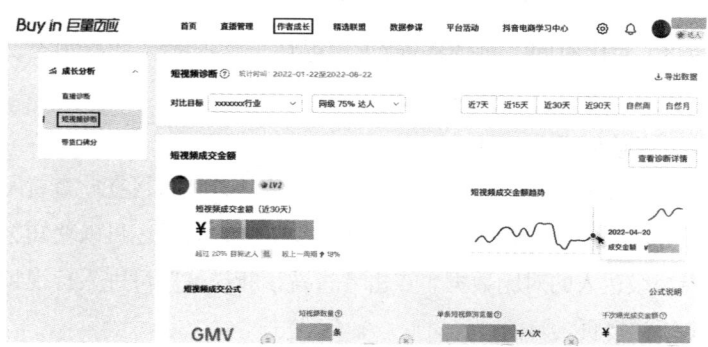

图5-24 巨量百应达人工作台

了解巨量百应工作台短视频诊断的基本功能

巨量百应达人工作台短视频诊断的基本功能有：展示"短视频诊断对比目标""短视频成交金额"和"短视频成交公式"，以及"短视频数量诊断""短视频流量诊断"和"短视频转化率诊断"。通过这些数据，电商达人可以直观地获取短视频带货的经营结果、水平和平台提供的诊断建议。

1．短视频诊断对比目标

如图5-25所示，达人可以按照行业、同级达人数和时间筛选短视频诊断对比目标，然后查看筛选条件下各模块的诊断详情。

图5-25 短视诊断对比目标

（1）**对比行业**。垂类达人默认按照垂类行业进行筛选，也可手动选择不同行业类目或不限行业。

（2）**对比达人**。可选择同级50%、75%或95%的达人进行对比，首次进入时默认选择75%。

（3）**对比时间**。可选择近7天、近15天、近30天、近90天、自然周、自然月的数据进行查看。

2．短视频成交金额

如图5-26所示是"短视频成交金额"板块，达人可在此查看所选时间、行业范围内的短视频成交金额及其趋势图，同时还可以获知与上一周期同等级达人的对比数据。点击"查看诊断详情"可进入短视频成交金额诊断详情页。

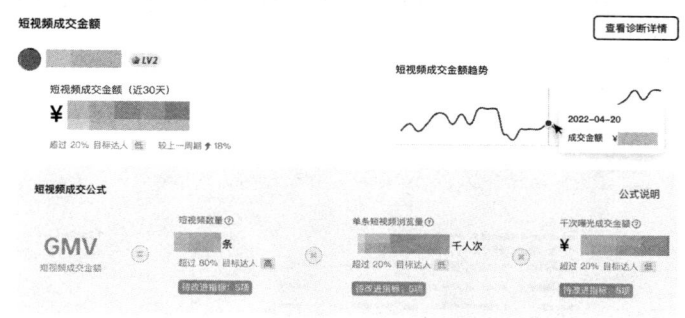

图5-26 "短视频成交金额"板块

注意,短视频成交金额的计算公式为:短视频成交金额=短视频数量×单条短视频浏览量×千次曝光成交金额。这里将短视频成交金额拆分为"短视频数量""单条短视频浏览量""千次曝光成交金额"3个维度,有助于达人通过提升这3个维度的表现,来提升短视频成交金额。

3. 短视频数量诊断

如图5-27所示为"短视频数量诊断"板块,达人在此板块可查看所选时间、行业范围内的短视频发布数量及其趋势图,同时还可以获知与上一周期同等级达人的对比数据。点击"查看诊断详情"可进入短视频数量诊断详情页。

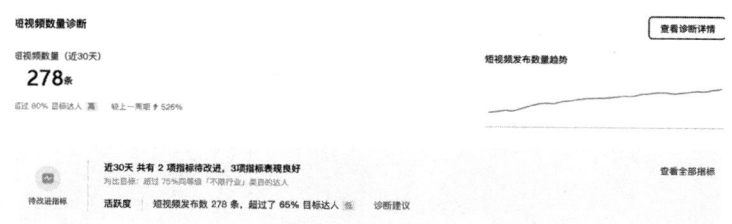

图5-27 "短视频数量诊断"板块

4. 短视频流量诊断

如图5-28所示为"短视频流量诊断"板块,达人在此板块可查看所选时间、行业范围内的短视频浏览量和流量趋势图,同时还可以获知与上一周期同等级达人的对比数据。点击"查看诊断详情"可进入短视频流量诊断详情页。

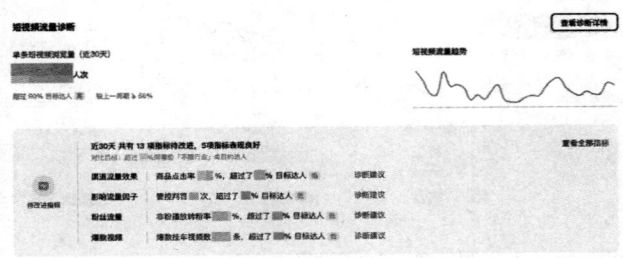

图5-28 "短视频流量诊断"板块

5. 短视频转化率诊断

如图5-29所示是"短视频转化率诊断"板块，达人在此板块可查看所选时间、行业范围内的短视频千次曝光成交金额及其趋势图，同时还可以获知与上一周期同等级达人的对比数据。点击"查看诊断详情"可进入短视频转化率诊断详情页。

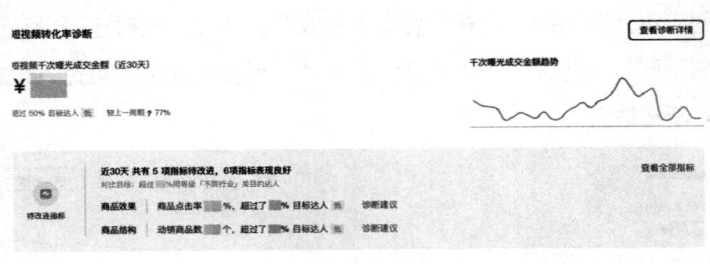

图5-29 "短视频转化率诊断"板块

第六章

坚守选品逻辑：引流款+获利款，实现长销

卖货重要，卖什么货也重要。不同的货品，对应着不同的市场需求。抖音电商在根据抖音店铺的定位选品时，需要思考很多问题，例如想为用户提供什么样的产品、产品有什么特色，以及什么样的产品能带来收益等。

选品前的思考：商家、达人之间都有哪些合作形式

> ▶▶▶▶▶
> 　　抖音达人或者普通的抖音短视频运营者，在从事带货工作前，除了要理解选品的逻辑外，还要有效理解各种带货模式，这里就对达人与商家之间的合作模式进行介绍。

　　抖音达人与商家之间的合作模式，主要有佣金合作、直播带货和定向合作模式。通过这些合作模式，商家实现商品销售，达人获得相应的收入。

　　（1）**佣金合作模式**。商家根据抖音达人的销售额比例给予其一定的佣金。佣金合作模式的应用范围比较广，抖音短视频创作者可在一些电商数据服务网站（蝉妈妈、飞瓜数据、抖怪兽等）了解热门产品及相关货品的佣金比率。如图6-1所示是蝉妈妈网站的商品榜单，其展示了各类商品在抖音的销量和转化率情况，并列出了佣金比率。抖音达人登录该网站，可以根据自己账号的用户定位及认可的佣金比率来选择适宜的产品，然后在自己的商品橱窗中添加该类产品，就能进行短视频带货了。

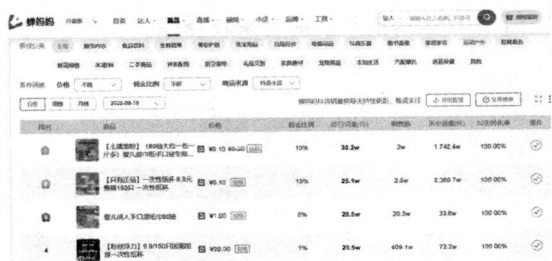

图6-1　蝉妈妈网站的商品榜单

（2）**直播带货模式**。商家对接自己认可的主播，确定合作意向，并根据主播报价支付前置服务费及后置佣金，然后确定开播日期及坑位费用（在直播带货中，商家需要支付给主播或平台固定的费用，以此来让商品在有限的直播时长中"占一个坑"。根据主播影响力的大小，坑位费一般在几万元到几十万元不等）等，最终通过直播实现商品销售。

商家如果需要合作主播，可以通过精选联盟（商家版）的"达人广场"（电商带货达人库，是集达人数据分析、推荐能力、建联工具、交易履约能力于一体的自助撮合平台）来寻找目标主播，如图6-2所示。

图6-2 通过"达人广场"寻找带货主播

达人广场提供了多个筛选项目，商家可以基于自身的产品类目、投放需求、用户定位来寻找匹配的达人。直播达人以直播带货为主，商家可根据需要搜索符合自身商品特性的达人，并查看该达人近期的直播数据，来决定是否与其合作；或者商家已经有了目标合作达人，可以通过搜索框直接找到目标达人，并与其沟通，达成合作目标。

（3）**定向合作模式**。商家在信息平台发布推广任务，达人在符合相关要求的前提下接单，并根据产品卖点与自己账号的定位等信息，撰写脚本并拍摄视频,再将产品挂在商品橱窗中,吸引抖音用户在观看视频的过程中购买商品。在这种合作模式下,商家需要向达人支付商品推广的佣金,以及其创作、拍摄短视频的费用。

通过选品广场,为带货短视频选择合适的产品

> ▶▶▶▶▶ 在抖音电商的发展过程中,"精选联盟"是推广相关商品或服务的重要平台,也是连接商家、达人的CPS(英文全称是Cost Per Sales,即按照销售付费,是指根据商家店铺内实际销售量的提成最后换算出来的刊登广告的费用)佣金平台。在该平台上,商品质量能获得严格把控,商家与达人的合作模式公开透明。该平台可以有效地帮助商家和达人实现成交。

带货短视频选品的基本方法

如今,精选联盟不断更新、提升,功能越来越强大,成为抖音电商从业人员选品、招商的重要渠道。抖音带货短视频运营者可通过精选联盟→选品广场来查看商品信息并进行样品申请,还可通过选品广场→我的→样品申请来查看相关样品申请的进展情况(包括发货、物流、确认收货等)。通常,短视频运营者可通过以下3种方法在精选联盟的选品广场中找到目标商品。

(1)**直接搜索**。如果短视频运营者已经确定了自己想要销售的商品,那么就可以借助精选联盟的搜索功能来选择目标商品。

(2)**类目定向找货**。短视频运营者确定要带货的商品类目后,可

以根据类目在精选联盟中进行定向找货。

（3）固定模块选货。精选联盟中形成了多个固定模块（"品牌专区""精选推荐"等），短视频运营者可以根据自己的需要从这些模块中选择商品。

符合抖音电商平台要求的商家和达人，可以入驻精选联盟。具体来说，符合平台要求的商家，可以为商品设置佣金比例，添加到精选联盟进行宣传推广；活跃在抖音、今日头条、西瓜视频等平台中的达人，可以直接进入精选联盟挑选商品，然后通过短视频或直播的形式进行分享推广，产生订单后，即可获得佣金。

橱窗商品管理技巧

抖音商品橱窗支持的商品来源有抖音小店、京东、淘宝、考拉海购、唯品会、苏宁、网易严选、洋码头等。不过相关抖音电商在管理橱窗商品的过程中，需要遵守一定的平台规则，并掌握有效的商品管理技巧。

1. 遵守《电商创作者添加商品行为规则》

抖音电商添加商品的行为，是指通过抖音电商平台功能组件添加商品至短视频、直播间购物车及商品橱窗，以进行商品推广的行为。

为了规范抖音电商添加商品的行为，抖音电商官方出台了《电商创作者添加商品行为规则》，其中有提到以下规定。

电商创作者（电商作者、达人）添加商品时发布商品卖点、推荐语、标题等信息的，需符合《电商创作者管理总则》《商品信息发布规范》等平台管理规则，不得出现以下情形。

① 含有虚假夸大、超范围描述、虚构商品来源背景、不实信息等虚假宣传用语。

② 使用"国家级""最高级"等绝对化用语。

③ 诱导消费者私下交易及存在其他可能侵害消费者合法权益的行为。

④ 超范围使用"官方""授权""专卖"及其他带有类似含义的内容。例如，来源于普通类型店铺的商品使用"官方""授权"描述用语。

⑤ 法律法规、平台规则禁止的其他信息内容。

2．商品管理技巧

管理橱窗商品，主要有为商品橱窗添加商品、删除缺货商品等，具体操作如下。

（1）**为商品橱窗添加商品**。通过抖音账号个人主页→商品橱窗→选品广场，为橱窗添加商品，如图6-3所示。选品广场中有种类丰富的商品供达人选择。

图6-3 进入"商品橱窗"中的"选品广场"

抖音电商在将商品添加到橱窗的过程中，如果想要为所选择的商品编辑橱窗推荐语或直播间推广卖点，可以在"编辑商品"页面进行编辑，如图6-4所示。

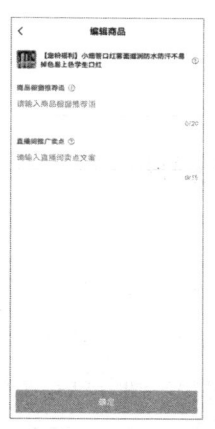

图6-4 "商品编辑"页面

（2）**删除缺货商品**。当商品橱窗里的商品缺货或不再适合销售时，可以通过商品橱窗→橱窗管理，对商品进行删除处理，如图6-5和图6-6所示。

图6-5 "商品橱窗"页面

图6-6 "橱窗管理"页面

点击"橱窗管理"页面中的"管理"选项，就可以钩选需要删除的一件或多件商品，然后点击"删除"，即可删除商品橱窗中相应的商品。

103

直播间选品的底层逻辑

> ▶▶▶▶▶
> 通过直播间可以售卖的商品种类非常多,有的商品销量很高,有的商品却卖不动。这就是直播间选品的问题了。通常,抖音电商要根据自身定位、粉丝特点等要素,选择适合自己的商品,才能有效提升直播间的商品销量。

◉ 直播间选品基本技巧

抖音电商在直播卖货前,需要对直播间的选品事宜有一定了解。选品的合适与否,在很大程度上决定了直播带货的销售情况。抖音电商在为直播选品时,可以从以下4点出发。

(1)**选择与账号属性相关的产品**。当抖音账号定位于垂直内容,此时平台会根据内容为账号贴上精准标签,在账号开启直播后会将直播间推荐给更多的精准粉丝。抖音电商要选择与账号属性相关的产品,这样就能分配到更多精准流量。为实现这一目标,抖音电商运营者需要借助平台的后台数据或其他电商服务网站的数据分析工具,来对粉丝的相关情况(性别、年龄、地域、消费偏好等)进行了解。

(2)**选择试用过的产品**。抖音电商在为直播间选品时,要抓住"兴趣"这个点,把试用过且在自己可接受范围内、自己认可的产品挂在直播间,最好提前试用、试吃、试穿,得出有效的试用体验,从而可以把优质的商品分享给用户。如果主播可以真实地说出对相关产品的使用体验,就能有效提升粉丝的信任度,进而提升产品的转化率。

（3）选择热销产品。抖音电商还要关注各类热销产品排行榜，多挑选热销排行榜里位置靠前的产品。例如，我们可以通过抖怪兽网站查看抖音热销产品排行榜，如图6-7展示的是抖音月销榜。

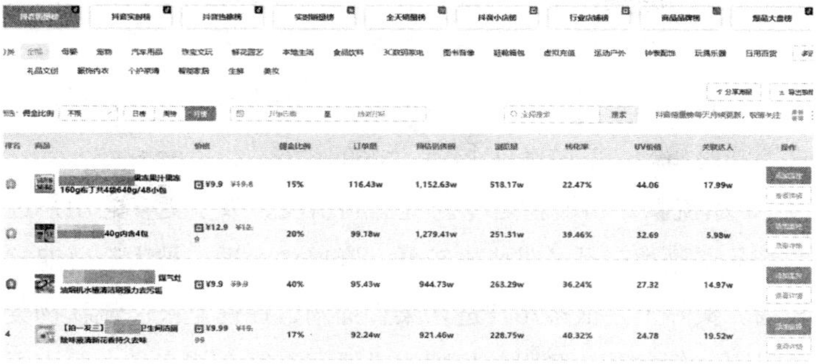

图6-7　抖怪兽网站的抖音月销榜

抖音电商在为直播间选品时，还需要关注热点信息，这是因为有些热点信息背后往往潜藏着营销热点。例如2022年上半年，抖音博主刘畊宏在网络上推起了一股健身热潮，在全民健身计划的带动下，各大电商平台以及实体店的健身器材销量猛涨，有商家反馈一周的时间店内瑜伽垫销量增长了2~3倍。除此之外，在传统节日或电商平台发起的营销活动期间，大众的消费热情高涨，此时若是能选到具有热度的产品售卖，那么往往能实现很好的销量。

（4）选择低客单价产品。在网络电商平台，大众普遍接受低客单价（指每一位顾客平均购买商品的金额）的产品，例如家居清洁类日用品、零食等。当某类产品的客单价比较高时，用户做出下单决定所花的时间会更长，这会导致交易达成的机会变小；而低客单价商品，用户下单时往往不会思索太长时间，不管需不需要，只要产品性价比高，交易达成的机会就会相对较大。此外，低客单价的产品还容易形成二次回购，提高产品的回购率，进而增强产品的口碑传播效果，从整体上提升产品的销量。

直播间商品管理

抖音电商在为直播间选品时除了要掌握一定的技巧之外，还要在管理直播间商品方面下一定的功夫。直播间商品管理主要指直播间商品的设置需有主次之分，用引流款吸引更多的用户进入直播间，用薄利多销的爆款提升直播间销量，用利润款带来高额的收益。所以，抖音电商在管理直播间商品时，要做好以下3类产品的设置。

（1）**引流款**。引流款是专为直播间引流，吸引更多的用户进入直播间的产品。这类产品通常成本较低，客单价合理，被大众普遍接受的程度较高。实际上，很多用户进入某直播间，往往是被引流款物美价廉的特质吸引。例如某知名服装品牌的直播间有很多款产品，但为了吸引更多用户进入直播间，主播将一款T恤设为引流款，并强调进入直播间就能低价拿到优质T恤，于是，诸多用户在好物的吸引下进入直播间观看直播，购买商品。

（2）**爆款**。与引流款类似，爆款畅销的时间更长，而且定价也会随消费周期有一定的变化。爆款追求性价比，通常价格较低，能够带来的利润也较低，只有销量大幅提升，才能带来可观的利润，且此时大众对该产品的信赖度更高，才有机会逐步提升该产品的价格。例如，某主播的直播间在销售某款纸巾的前期，价格区间设置在15.9~20.9元，在该产品达到一定的销量后，主播改变销售策略，增加纸巾的包装数量，同时适当提升价格，但该产品依然能保持畅销势头。

（3）**利润款**。利润款指销量不高，但能带来高额利润的产品。这类产品的价格一般不太透明，定价较高。例如一些工艺品，它们的价格与价值是否相符，一般人是无法确定的，而其定价则主要依据制作工艺、用材用料、稀有程度、品牌力等因素而定。工艺品潜在的价值比较难定义，所以其定价的灵活度稍高于其他产品。

直播间具备引流款、爆款和利润款是一种最理想的状态，在现实中，抖音电商还要根据自身的经营情况（经营时间的长短、粉丝数量的多少等），以促进销售为目的，合理安排各类产品的比例。

为了打造高转化率的直播间，在直播间的营销设计环节一定要突出每一类产品的价值，即这类产品能为用户带来什么、解决哪些问题等，把产品的性价比体现出来；也要强调产品的唯一性，并用其稀有性来制造紧张的营销氛围，激发用户下单的欲望。

产品定价，单品与组合商品各有思路

> ▶▶▶▶▶
> 为产品定价也是抖音电商需要重点关注的一个方面。不同的产品，对应不同的定价依据；不同的产品组合，也有相应的定价思路。在抖音电商平台销售商品，我们在为产品定价时，只有比实体店、电商平台旗舰店等渠道低，才更容易吸引用户。当然，在定价的过程中，不能出现违反国家法律、行政法规、部门规章和平台规则的情况。

了解抖音平台《商品价格管理规则》

为了营造抖音电商平台内良好的购物环境，给商家及消费者提供更加优质的体验，抖音电商官方根据国家法律、行政法规、部门规章、平台规则，制定了《商品价格管理规则》，对商品定价、争议处理、价格赔付、违规处理等做出了明确规定，以维护抖音电商平台的生态秩序和氛围。

在《商品价格管理规则》中，对商品定价有以下规定。

1. 定价原则

① 商家在平台上发布商品，填写价格时，在遵循市场规律自主定价的前提下，均应严格遵守法律规定，对所有价格的真实性、准确性、合法性负责，明码标价，不得乱标价，不得标高价或明显高出商品历史价格、同品类商品价格及行业均价，禁止以虚构原价、优惠折扣等欺诈性方式欺骗、诱导消费者进行交易。

② 原价，是指经营者在本次降价前7日内在本交易场所成交的有交易票据的最低交易价格；如果前7日内没有交易，以本次促销活动前最后一次交易价格作为原价。

③ 虚构原价，是指经营者在促销活动中标示的原价为虚假、捏造的，并不存在或者从未有过交易记录。

④ 虚假优惠折扣，是指经营者在促销活动中标示的打折前价格或者通过实际成交价及折扣幅度计算出的打折前价格高于原价。

2. 价格管理细则

① 商家应对商品进行合理定价，如因客观原因需对商品进行临时调价，调价幅度需在合理范围内。

② 商家不得使用欺骗性或者误导性的语言、文字、图片、计量单位等标价，诱导消费者进行交易，比如以非常规的数量单位发布商品、商品邮费偏离实际价格等。

③ 商家不得在未销售过的商品上使用"原售价、成交价、折、新品折"等类似概念，否则会误导消费者认为该商品有成交记录。

④ 商家不得在商品标题、图片、描述、详情及其他商品宣传中虚构"原价、特价、批发价、最低价、极品价、出厂价、活动价"等描述，如有被比较价格（如原价100元，特价80元），需准确说明其特价价格含义及被比较价格（原价100元）的真实依据。

⑤ 商家在商品标题、图片、描述、详情及其他商品宣传中做出的价格承诺不得与实际支付不符。

⑥ 针对同一商品或者服务，在同一店铺不得同时使用两种价格。

⑦ 如果商家采取馈赠物品或者服务等方式开展促销活动，馈赠物品或者服务所标示的价格（价值）应当真实明确，不得虚构。

⑧ 商家采取返还有价赠券等方式开展促销活动，需在赠券或者其他显著位置明确标示使用条件。

⑨ 商家不得采取掺杂、掺假、以假充真、以次充好、短缺数量等手段，使数量或质量与价格不符。

⑩ 商家不得在活动期间擅自提价或提前结束活动；如果参加活动的商品有数量限制，则需明示。

单品的定价策略

在为单品定价时，我们有以下策略可以使用。

（1）**价格锚定策略**。根据其他商品的价格来设定抖店或直播间商品的价格。大多数用户会在下单前货比三家，在商品没有差别或者差别不大的情况下，他们通常会选择价格更低或更加适中的商品下单。

（2）**要素对比策略**。当购买一件价格较高的商品时，用户往往会考虑诸多方面。为了缩短用户在高价格商品面前的思考时间，抖音电商人员在推荐这些高价格商品时，要为用户提供一份直观的关键要素对比资料，让用户快速理解该商品定价高的原因。

（3）**非整数定价策略**。抖音电商人员在为商品设定价格时，最好以零头数结尾，例如9.9、129.8，少采用整数结尾。这主要是因为非整数价格会影响用户的消费心理，表现在：非整数价格会让用户觉得这种价格是经过精确计算的；非整数价格与整数价格的实际差别不大，却能给人一种相对更便宜的感觉；很多用户在看到自己可接受的价格时并不会去认真思考，而是直接进入下单状态。

（4）**阶梯定价策略**。随着用户购买商品数量的增加，商品单价对应降低。这种定价策略能吸引用户一次性购买多件商品。例如一些电商会注明"购买两件享8.3折""第二件9.5折"等，就是在用阶梯定价策略吸引用户增加下单数量。

在为商品定价的过程中，我们发现商品价格不是一成不变的，各类销售平台都会根据营销计划等调整商品价格，所以抖音电商也要关注市场动态，根据市场变化及时调整商品价格。

组合商品的定价策略

组合商品是将两种或两种以上商品捆绑打包后为其确定一个价格，然后进行销售。其定价通常有以下两种策略。

（1）**买赠模式**。为商品设定一个销售价格，同时免费赠送用户一件其他产品。例如，一些奶粉商家在销售一款奶粉时，会赠送用户一个奶杯，该奶杯不仅设计得非常可爱，还特别适合冲奶粉。在奶杯的吸引下，很多用户进入直播间购买这款奶粉，以期获得这个可爱的奶杯。所以，在买赠模式这种定价策略下，商家赠送给用户的商品，最好是与销售商品的用途、性能等匹配的，要有实用价值。

（2）**套装模式**。将多种产品组成一个套装，打包定价。例如一些销售厨具的商家，会将多款厨具有效组合成一个套装，给出一个适当的定价。这种组合套装，节约了用户挑选各款产品的时间，比较容易被用户接受。

第七章
抖音主播的养成：素人也能成为大主播

为什么一些抖音主播能吸引用户长时间停留在直播间？为什么一些主播说出的话能让用户产生共鸣？为什么一些主播的举止能让用户大加赞赏？抖音主播往往是直播间的主导者，直播间的用户活跃度、营销氛围如何，与主播的基本素养有着紧密的关系。

一名抖音主播的基本修养

> ▶▶▶▶▶
> 在直播电商快速发展的背景下,入驻抖音电商平台,自然离不开直播带货。就直播带货而言,其成功与否,与主播有着紧密的关系。当下的电商生态,是一种以直播为主要内容的电商生态,而且有很多机构致力于打造网络主播,因此,新入驻的抖音电商,一定要把握好直播经济的机会,打造高人气抖音主播。

◉ 专业技能

专业技能是主播获取直播间人气的基础,主要包括以下几个方面。

(1)**正确的价值观**。具备正确的价值观是抖音主播获得观众认可的重要基础。一位抖音主播想要获得用户的认可,必须始终坚守正确的价值观,保持初心;要言之有物,不做空谈主义者;要掌握说话的技巧,有效传达自身的专属观点。

(2)**独有的才艺**。抖音平台除了有海量信息之外,也有海量主播,新手抖音主播要想在这些主播中脱颖而出,需要具备独特的才艺,例如琴棋书画、说唱逗笑等,都是主播展示才艺能力的加分项。抖音主播如果非常精通某一方面,那么在直播间和平台上的受欢迎程度就会大大增加,这对提升带货转化率将会非常有帮助。

例如东方甄选直播间非常火爆,就是因为人们被主播的魅力所吸引并对其产生了信任才决定购买的，也可以说是主播的专业（双语直播、无文案诗词大会）创造了用户的需求。

（3）**关注用户心声**。抖音主播是直播间连接用户与商品的中间人，用户对主播的直观感受，会影响产品的销售情况。在直播间中，抖音主播不能只顾着卖商品，还要能眼观八方，从与用户的互动中发现并关注用户的切身需求。也就是说，作为抖音主播，要具备能在直播中关注用户的痛点和痒点，主动寻找用户关心的问题和感兴趣的点，有针对性地为用户分享有价值的内容的能力。

语言技能

良好的语言技能也是优秀主播必备的技能之一。通常，语言技能主要体现在以下几个方面。

（1）**亲切的沟通技巧**。主播直播的过程，无论是讲解商品，还是回答用户的问题，都是一个与用户互动的过程。在进行这些事项的过程中，主播要避免鲁莽、心直口快、口无遮拦，以免给用户造成不好的体验或者伤害用户的情感。所以，说话平易近人、接地气、谦和友好是主播应具备的语言素养。

（2）**精准把握对话时机**。每一位主播在直播间表达自己的观点或看法时，还要跟随用户的心理状态，找准对话时机。也就是说，主播虽然主导直播间，但每一位走进直播间的用户同样是这个直播场景中的重要角色。所以主播在表达自己的意见时，应该考虑用户的接受能力，用户是否愿意听。还有，如果主播在直播间已经提出赠送福利，直播间的用户就会对此一直充满期待，那么主播就要找准时机，把相应的福利送给直播间的用户，以免使用户产生失落感。

（3）**懂得倾听**。主播在与用户互动的过程中，除了表达自己之外，还要懂得倾听用户的心声。抖音电商是兴趣电商，走进直播间的用户,大部分是因为对主播所分享的内容感兴趣。所以主播要了解用户最关心的是什么、想要讨论的话题是什么,进而有效回应用户的心声和反馈用户的需求。

(4)**保持理性**。在直播过程中遇到情绪过激的用户也是时有发生的,这些用户通常表现为爱挑刺儿、负能量、怨天尤人、强词夺理、言语粗俗等。面对这种情况,就需要主播保持理性,不可过于激动,也不要直接与这些充满负面行为的用户直击对质,而是通过善意的提醒来疏导直播间的气氛,尽可能用宽容大度的胸怀和正确的价值观来引导用户平静下来,就事论事,理性探讨问题。

场控应变技能

场控应变技能要求主播具备良好的心理素质,能处理直播间的各种突发事件。同时,直播中也要求主播具有良好的应答技巧,能对用户关注的问题做出有效应答。

1. 良好的心理素质

电商直播是一场没有彩排的表演,主播是深入现场的第一主持人,这就要求主播具备良好的心理素质,无论直播间出现哪种状况,主播都应尽可能完美应对。例如在直播过程中若是出现信号不稳定甚至中断的情况,主播一定要在信息畅通后的第一时间向用户道歉,再利用有新鲜感的内容激发用户的活跃度;如果直播遇到其他突发事件(产品链接失效、产品优惠互动错误、商家优惠临时变卦、价格标错等),主播一定要冷静应对,安抚好用户,打好圆场,为其他工作人员争取处理相关问题的时间。

2. 良好的应答技巧

直播的互动性非常强,对一名主播来说,具备良好的应答技巧是非常重要的。为了提高主播与用户之间的互动质量,提升用户观看直播的获得感,主播在进行直播前,需要做好充足的准备,这主要表现在以下几个方面。

(1)**根据直播主题做好准备**。在做直播前,主播一定要做好准备工作,特别是对产品的相关资料要了如指掌,这样介绍产品时才能如鱼得水、收放自如、张弛有度。主播还可以基于产品本身,联想更多与产品相关的话题,这样就能把介绍产品这件事变得更加有趣味,同时还能体现出主播的业务能力。

(2)**正确回答用户的热点问题**。无论是主播还是粉丝,都会关注某一时期的热点问题,而且一些主播会借助热点事件来吸引用户观看直播。那么在有关热点事件的话题上,很多用户也想知道主播的看法,针对这样的问题,主播最好是保持客观中立的态度,不得为了吸引眼球而进行炒作,发表一些负面言论。而且切记不要随便评论热点事件,若是评论不当,与事实不符,将会导致粉丝大量流失。当然,对一些热点事件发表客观公正的言论,并逐渐形成自己特有的风格,长此以往,对塑造主播形象也是有益的。

(3)**幽默作答,吸引用户关注**。对主播来说,具备幽默感是直播能力的一种体现。当然,幽默是可以培养的。例如,很多主播会搜集一些幽默素材,然后运用到直播中,这不仅会吸引更多用户走进直播间,长此以往,还会让用户对直播充满期待。当然,幽默的形式多种多样,用夸张的方式,或者借助段子将其表现出来,也可以用自嘲的方式来吸引用户关注,但总归是要抓住事情的关键点。

直播规则记忆技能

做抖音电商直播,熟记直播规则也是对主播的基本要求,除了平台规则外,还有各行政管理部门出台的各项规则、规范、条例等。

1. 熟记平台直播指南

① 不使用广告法禁用的广告词，例如在直播过程中不得出现广告法禁用的"最""第一"等极限词，比如不得使用"全网最低价""独家秘方""国家级""销量全网第一"等说法。

② 不宣传伪科学，避免无事实依据的情况下随意断言。

③ 不夸大宣传，不对超出商品功效范围的内容进行宣传。

④ 不进行效果性承诺或保障，例如"黑眼圈立即消失""美白效果明显"。

⑤ 不得宣传封建迷信，例如"提升运气""招财运""增强第六感"等。

⑥ 宣传时避免使用"原价"，可以使用"市场推广价""市场参考价"等表述。

⑦ 避免私交，即不引导私下交易。

⑧ 拒绝拉踩，即在宣传描述的过程中，不能贬低第三方品牌。

2. 谨记《网络主播行为规范》

2022年6月22日，国家广播电视总局、文化和旅游部联合印发《网络主播行为规范》（以下简称《规范》），并做出了以下明确。

第四条 网络主播应当坚持正确政治方向、舆论导向和价值取向，树立正确的世界观、人生观、价值观，积极践行社会主义核心价值观，崇尚社会公德、恪守职业道德、修养个人品德。

第六条 网络主播应当坚持健康的格调品位，自觉摒弃低俗、庸俗、媚俗等低级趣味，自觉反对流量至上、畸形审美、"饭圈"乱象、拜金主义等不良现象，自觉抵制违反法律法规、有损网络文明、有悖网络道德、有害网络和谐的行为。

第八条 网络主播应当保持良好声屏形象，表演、服饰、妆容、语言、行为、肢体动作及画面展示等要文明得体，符合大众审美情趣和欣赏习惯。

《规范》还对网络主播的其他行为做出要求,例如要求网络主播如实申报收入,依法履行纳税义务;自觉加强学习,掌握从事主播工作所必需的知识和技能,对于需要较高专业水平(医疗卫生、财经金融、法律、教育)的直播内容,主播应取得相应职业资质,并向直播平台进行职业资质报备,直播平台应对主播进行资质审核及备案。

策划主播的人设定位,为直播间增加气氛

> ▶▶▶▶▶
> 所谓主播人设,就是用户眼中的主播是什么样的。策划主播人设,往往有一定的模式可套用,最常见的就是根据用户群来打造主播人设。在主播确定之后,接下来就是利用各种元素和光环为主播赋能,让其形象更加深入人心,以适应直播带货场景的需要。

● 有影响力的主播人设类型

电商运营人员在策划主播人设时,最好是基于账号的用户定位来打造专属人设。根据主播与用户的关系,有影响力的主播人设可以分为以下4种。

(1)**专家型**。在某一领域、某一行业、某一学科、某一技艺上有较高造诣的专业人士。其拥有某一领域或多个领域的知识体系,能够有效解决相关领域的各种问题,或者能够通过演讲、写作等方式持续输出行业内的专业知识。

(2)**知己型**。该类型是一种可靠的人设,能为用户吃一颗"定心

丸"，往往可以引领用户追随，例如女性用户群的"女闺蜜"人设，男性用户群的"好兄弟"人设等。

（3）**榜样型**。在某些方面能力非常突出的人，可以被称为榜样。

（4）**偶像型**。外在形象优越、才艺出众、走在时尚潮流前沿的人更容易拥有偶像型人设。

打造与众不同的主播人设

在确定主播人设后，抖音电商还需要为主播添加一些独具特色的元素，让其形象更加与众不同，以提高其在网络营销阵营中的辨识度和独特性。

要想打造独具特色的主播人设，可以从以下几方面入手。

（1）**发掘主播身上的核心优势**。可以从主播的外表、性格、特长、学习历程、工作经验、生活经历、独特才能、个人荣誉等方面入手，来提炼主播身上的闪光点，以便用户更容易记住主播。

（2）**为主播添加反差属性**。找到主播身上的核心优势之后，最好再为主播添加一些反差属性，以更加突出主播身上的闪光点。关于反差属性的添加，一定要符合社会主流价值观。例如，我们看到电视上的一些主持人总是展示出端庄大气、不苟言笑的形象，而在幕后，他们真实的样子可能是活泼可爱、风趣搞笑的。为主播添加反差属性，往往更能吸引用户的注意力，增加用户对主播人设的关注度和讨论度。

（3）**设计有辨识度的言行举止**。主播的言行举止，同样能为用户留下深刻的印象，例如口头语"答应我，买它"。每个主播在外表、言行举止方面，都会与其他人有一定的区别，我们要设计最能体现该主播特征的言行举止，并让这样的言行举止成为主播身上的记忆点。

（4）**设置有趣、易记的主播名字**。主播的名字要贴合主播的人设，读起来朗朗上口，用简洁的词汇表达出美好的寓意。此外，主播的名字中最好没有生僻字,若有最好注明拼音。例如某抖音账号的名称中有一个"垚",由于该字不常用,于是账号运营者便在账号名称中为该字标注了拼音"yáo"。

精心策划,让主播人设深入人心

要想打造深入人心的主播人设,抖音电商运营者还需要进行精心策划。

(1)**为主播人设策划一系列故事**。策划一系列能够展示主播人设的故事,对强化主播人设有很好的作用。例如,抖音账号名为"刘大悦"的博主,以一人分饰母女两角的搞笑剧情模式成功在抖音出圈,她用精湛的演技塑造了"大悦妈"这一角色,高度还原当代年轻人常见的行为习惯,让观众产生强烈的代入感。

(2)**让主播在直播间讲故事**。主播在直播间讲故事也可以强化主播人设,同时让主播加入自己的观点,以引起用户的情感共鸣,进而渲染自身的人设。主播可以在直播间讲以下几种故事。

①正能量的故事:更有传播价值,且有利于提升主播和直播团队的整体形象。

②接地气的故事:更具有真实感,拉近主播与用户之间的距离,更好地打动用户。

③有个性的故事:有主见、不盲从是主播要具备的基本修养,坚持自己的信念。

④有情怀的故事:关注温情,追求内心的满足感,而不是着眼功利的得失。

(3)**用自媒体传播矩阵增加主播的曝光度**。为了让主播人设深入人心,运营者还要走出抖音直播间,利用其他平台为主播引流。例如微信公众号、知乎、微博、快手等都是传播主播人设的重要通道。

主播带货话术，拉近商品与粉丝之间的距离

> ▶▶▶▶▶
> 作为抖音主播，用适当的话术来引导用户，是必备的技能之一。主播的话术一定要有代入感，并能传达出信任感和价值观，进而促进产品转化。这里，我们将主播话术分为直播开场话术、商品推荐话术、日常问答话术和直播结束话术四类来进行讨论。

◉ 直播开场话术

抖音直播开场时，主播一定要让直播间给用户留下良好的第一印象。这主要体现为用热情的话术欢迎用户进入直播间，为直播间暖场，并向用户介绍自己，引导用户关注直播间，做一些有吸引力的预告让用户对直播充满期待。

1. 开播暖场欢迎话术

在抖音主播开启直播后，会陆续有用户进入直播间，此时主播需要用一些暖场欢迎话术来为直播间营造氛围。以下是一些可以借鉴的开播暖场欢迎话术。

"各位宝宝们好，欢迎大家来到我的直播间。"

"见到大家好开心啊，感谢大家进入我们的直播间。"

"欢迎新进来的宝宝们，我们每晚八点都会准时开播，带你遇见好物。"

当然，为了避免欢迎话术过于单一，主播可以对进入直播间的用户进行简单分析，根据自身特色和进入直播间用户的特色来制订具体的欢迎话术。例如：

"欢迎×××来到我们的直播间，名字取得真有特色，看一眼就能记住。"

"我们的×××今天也来了，谢谢你的捧场，每次直播都能看到你啊！"

"×××头像里的猫咪好可爱，应该是一位特别喜爱猫咪的小伙伴。"

2. 自我介绍话术

由于直播过程中会不断有用户进入直播间，所以时不时地向用户介绍自己也是主播需要注意的一个点。以下是一些主播可以借鉴的自我介绍话术。

"新进来的宝宝们，我是×××，一名好物推荐官，专门为大家推荐好用、实用的生活好物！"

"我是×××，新进来的宝宝可以到我的主页了解我哦！"

"好多新进来的小伙伴啊，谢谢大家前来捧场，我是×××，在这里陪伴大家度过一段快乐的小时光。"

3. 引导关注话术

引导用户关注直播间是主播直播过程中非常重要的一项工作，以下是一些可以借鉴的引导关注话术。

"感谢大家进入我们的直播间，记得点关注，下次直播不容错过哦！"

"谢谢大家的关注，关注直播间，截屏有福利可拿哦！"

"宝宝们点关注，后续就能第一时间收到直播提醒哦！"

商品推荐话术

在商品推荐环节，通常需要主播用兴奋、激动的话术引出抽奖送福利、惊喜价促销、宠粉秒杀等互动机会，进而推出让用户感兴趣的高品质产品。主播还要做好导购的角色，用口语化的表达对产品进行全方位介绍，让用户对产品产生兴趣。

1. 介绍产品的优势

主播向用户介绍产品的优势，通常有以下几种方法。

（1）**直接介绍法**。直接向用户介绍产品的性能、优势和特点等，能让用户快速了解产品。这是一种非常节约时间的商品推荐方式，能减少用户的询问。

（2）**间接介绍法**。通过向用户介绍与产品本身相关的其他事物来衬托产品。例如主播向用户介绍某款平板电脑时，不是直接夸这款平板电脑质量有多好，而是介绍它的配置：处理器搭载的是哪款芯片、运行内存有多大；屏幕是什么类型的、分辨率是多少；电池续航时间有多久；扬声器、摄像头等配件的性能如何等。通过介绍产品各方面的性能，自然能让用户了解产品的质量状况。

（3）**逻辑介绍法**。此方法为通过推理来说服用户购买产品的一种促销方式。例如，有些主播推销某产品时会说："价格非常合理，喜欢的宝宝们可以下单，少喝几杯奶茶，钱就省出来了。""平均下来一天才几毛，就能让你用到如此好的产品，还在犹豫什么呢？"

主播在向用户介绍某款产品时，注意要不断强调产品的优势，将产品的信息持续传递给用户，在潜移默化中引导用户下单。

2. 采用示范推销法

示范推销法就是要求主播将直播间的产品演示给用户，替用户进行产品体验。主播在向用户展示产品时，可通过商品的陈列摆放、当场演示，主播试用、试穿、试吃等，来达到一种让消费者亲身感受产品优势的效果，从而吸引用户下单。

3. 告知限时优惠

告知限时优惠是指主播直接告知用户直播间正在进行的某项优惠活动，具体有哪些福利等。此外，为了提升直播间的转化率，主播也可以告知用户直播结束后某款产品的价格会调回原价。主播在使用限时优惠法时，要给用户营造一种错过这次优惠就亏大了的感觉，同时通过最后期限的设置和告知，来营造一种急迫的氛围，让有需求的用户尽快下单。

4. 解决用户的后顾之忧

为了让用户尽快下单，主播还要考虑为用户解决后顾之忧的问题。例如，在很多直播间，主播会向用户提示购买某产品送运费险，用户在一定期限内可以无理由免费退换货。所以，在解决用户后顾之忧这一点上，直播间的售后服务一定要跟上，而且主播在推荐商品的过程中一定要向用户表明，做出免费退换货的承诺，建立用户对产品的信任感，让用户产生一种自己不会有任何损失的感觉，进而放心下单。

日常问答话术

直播间是一个主播与用户进行互动的地方，在这里，主播可以通过讲笑话、唱歌、聊天等方式为直播间营造舒缓的气氛。同时，主播还要积极回答用户的提问，有效打消用户的疑虑，这就需要主播具备回答各类问题的技巧，以更好地解答用户的疑惑，营造更好的直播间氛围。

1. 产品是否适用的问题

用户经常会在直播间提问某件产品是否适合自己，例如："我的体重是××千克，身高×××厘米，这件衣服可以穿吗？""这款小裙子，××千克左右可以穿吗？""××平方米的卧室够用吗？"对于这类问题，主播可以根据用户报出的具体信息，给予合理建议，或者与相关标准进行对比，再向用户做出推荐。

此外，主播也可以将相关产品的尺码、使用标准等在直播间展示，在解释产品的过程中随时提醒用户关注，以便让用户及时了解产品的适用情况。

2．主播自身情况的问题

在一些销售服饰类产品的直播间，通常都是由主播向用户展示每件服饰的上身效果，这时，用户就会非常关注主播的身高和体重，并询问主播。为了有效且及时地回应用户的这类问题，主播可以在直播间显眼的地方展示自己的身高、体重等信息，并提醒用户相关信息在什么位置。

3．产品能否试用的问题

有些用户会在直播间询问主播某件产品是否可以试一试，展示一下效果。面对这类提问，主播需要及时回应用户，并有序安排试用或试穿。此外，主播还可以提醒用户，如果想看某件产品的试用效果，可以直接在直播间刷产品链接编号等。

4．产品价格的问题

有时，由于用户没有从产品详情页中看到产品价格，可能会直接在直播间向主播询问。面对这类问题，主播可以直接告知用户产品的价格，或者告知用户进入产品详情页了解与产品相关的各项信息。一旦主播遇到用户询问产品价格的问题，最好是引导用户进入购物车直接查看产品价格。如果直播间还有优惠券，那么主播可以提醒用户先领券再下单。

直播结束话术

在直播接近尾声时，首先，主播要真诚地感谢用户的陪伴。例如："感谢大家今天的陪伴，我们今天的直播快要到下播时间了，非常感谢大家今天对我们直播间的支持。"

其次，主播要对下期直播进行预告，让用户对下期直播充满期待。例如："今天的直播就要结束了，如果大家对我们直播间的好物感兴趣，可以关注下一期的直播哦！我们的下一期直播在下周一准时进行，会有更多福利等着大家。"

最后，主播要向用户表达祝福。例如："主播就要跟大家说再见了，时间不早了，大家好好休息，晚安！"

直播间氛围管理能力，带动粉丝的消费积极性

> ▶▶▶▶▶
> 直播间的氛围是吸引用户长时间停留的关键。对大部分人来说，观看直播是一个放松休闲的过程，他们更期待那种充满乐趣，既能收获好物，又能收获快乐的直播间。因此，抖音电商主播要借助各种福利和自身的演讲与场控技能，管理好直播间的氛围，给进入直播间的用户带来更加轻松有趣的观看体验。

向用户派发红包及福利

1. 派发红包

直播间派发红包，能让用户看到实实在在的利益，这是直播间活跃气氛、提升营销效果的重要举措。

主播若想在直播间派发红包，要提前设定派发红包的时间，并在派发红包前多次提醒用户。在即将到达红包派发时间时，主播或者主播与助播一起倒计时，以带动大家的积极性，增强活动气氛。

主播派发红包的策略：可以选择直播间人数较少的时间段（50人以下），以提升直播间的人气；也可以选择直播间人数达到一定规模（200人以上）的时间段，以促进营销效果。

例如，抖音达人在为直播间创建红包时，一般有以下几步。

（1）**进行账号充值**。首先，找到活动入口（有电商权限的主播才会显示菜单使用功能），以达人身份按照"登录巨量百应→直播管理→营销管理→红包管理→充值"这个流程完成充值。

在"红包管理"页面可看到自身账户的可用红包资金和过往红包创建记录，如图7-1所示。若现有可用红包资金（可用于创建红包的资金余额，可用红包资金=充值金额+返还金额-提现金额-使用金额）为0元，则需要点击"充值"按钮完成充值操作，红包充值限额为单日10次，每次上限为100万元。

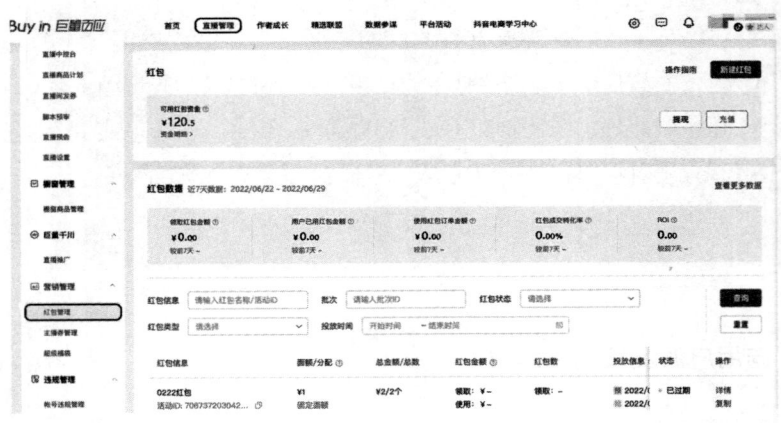

图7-1 直播间"红包管理"页面

（2）**新建红包**。在"红包管理"页面点击"新建红包"，红包类型选择"普通红包"，填写红包名称、使用有效时间，在"面额分配"处可选择"智能面额"（系统可智能化分配红包面额，高效、精准触达目标用户，提升用户核销率，促进直播间成交转化），如图7-2所示。

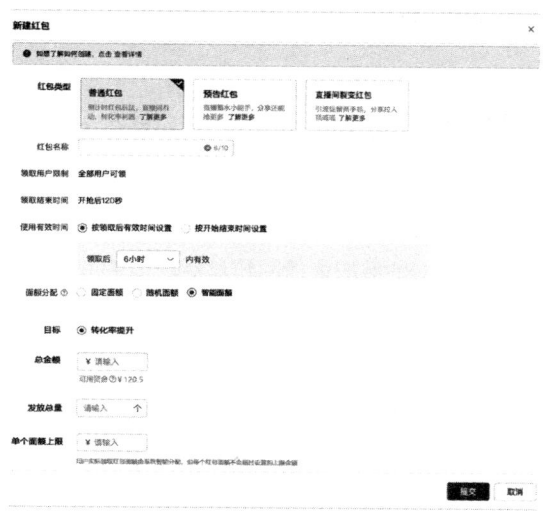

图7-2 "新建红包"页面

（3）**投放红包**。红包创建完成后，可点击投放红包的弹窗进行红包投放，或者通过改路径完成红包投放：直播中控台→发红包→投放。

设置好投放时间的红包会以倒计时的形式挂在直播间，倒数至开抢时间时，用户可进行抢红包操作。主播最好是配合直播节奏提前投放红包，并在红包开抢前提醒用户点击领取红包。

2．送福利

为直播间的用户送福利也是进行直播间氛围管理的有效方式。主播在向直播间的用户送福利时，应遵循以下两个原则。

① 作为福利的奖品以主播推荐过的商品（新品或爆品）为主，这样才能吸引用户。

② 主播可以在直播间设置多种福利，每当直播进行到某一阶段，就向用户送一波福利，来吸引用户停留在直播间，活跃直播间气氛。

与用户保持积极互动

为了保持和提升直播间热度、调动直播间氛围、提高用户的积极性,主播可以与用户连麦互动,也可以向用户提问或请教问题,还可以积极回答用户的问题。

1. 与用户连麦互动

与用户连麦互动,是增加直播间粉丝活跃度的有效方式。不过,在连麦的过程中,主播不得出现平台禁止的一些行为,包括但不限于以下几个方面。

① 表演恶意砍价、吵架等虚假剧情。

② 夸大商品的优惠力度和商品原价。

③ 演戏炒作主播之间的"矛盾",用下跪、卖惨、自残等行为博取用户同情。

2. 向用户提问或请教

在直播间,如果主播不了解某一领域的知识或遇到用户提出的一些有趣问题,还可以直接向用户提问或请教,听取其他用户的答案,并给予积极参与互动的用户一定的奖励,营造轻松愉悦的直播氛围。

3. 积极回答用户的问题

在直播间,主播也会遇到一些特别活跃的用户,他们会询问主播的妆容、穿搭技巧、产品的适用人群等问题,当然类似的问题可能会在直播过程中重复出现,此时,主播要有耐心,并及时回答用户的问题。

第八章

直播准备：把细节做到极致，才能从容做直播

一场抖音直播的顺利进行，需要在前期将"万事"做足，这样直播才能有条不紊地进行下去。抖音直播的准备工作涉及诸多方面，无论是直播设备的准备还是台前幕后人员的配备，每一个环节都需要抖音电商用心对待。

搭建专属直播间,提升用户体验感

> ▶▶▶▶▶
> 对抖音电商来说,在进行直播带货之前,还要搭建自己的专属直播间。直播间的搭建,涉及多方面的内容,例如人员的配置、场地的选择、直播间的装饰布置等,都需要用心打磨。只有搭建出更高质量的直播间,才能更好地提升用户进入直播间的体验感,有效吸引用户关注直播间。

● 直播团队的配置

抖音电商在开播前,除了配置优秀的主播之外,还有必要组建一个直播团队,并明确直播团队各岗位的职责,才能有效推进直播工作高效进行。通常,在一个电商直播团队中,主要配置以下几个岗位角色。

(1)**直播运营**。推进直播工作,主要有产品卖点提炼、直播玩法、官方活动等,以提高直播的可看性和直播的产出效果。

(2)**活动运营**。策划直播活动,主要有对接官方活动并报名参加,争取活动资源和流量,及时关注平台官方活动和各地产业圈的活动。

(3)**直播场控**。在直播时,场控负责提升直播间用户的活跃度和互动氛围,以增加粉丝的停留时长,提高粉丝的购买兴趣。

(4)**直播策划**。策划直播间内容文案,确定直播间流程、脚本、提词等,通常由直播运营兼任。

(5)**运营助理**。协调直播运营开展工作,例如记录直播数据、统计竞争对手数据等。

直播场地的选择

直播场地主要分为室内和室外两种。室内直播场地可以是办公室、店铺、住所、厂房等；室外直播场地可以是公园、景区、农田等。面对各种直播场地，抖音电商直播团队可以通过以下方法进行选择。

（1）**根据商品特性选择直播场地。** 直播团队要优先选择与直播间商品特性相关的场地进行直播，以便拉近商品与用户之间的距离，提升用户的观看体验。

（2）**根据直播现场人数和直播内容确定场地。** 直播团队可以根据团队中的人员数量确定场地大小。如果是个人主播，可以选择8~15平方米的房间进行室内直播；如果是团队直播，可以选择20~40平方米的房间进行室内直播。对于需要邀请多位嘉宾的大型直播，则可以选择面积更大的室内会议场所或室外封闭场地进行直播。

需要注意的是，在选择室内直播场地时，需要保证室内光线充足，最好有自然光，这样再配合其他灯光，会使直播的画质更好。此外，室内直播间要位于安静的环境中，远离建筑工地、广场等容易产生嘈杂声音的地方。

除了选择适宜的场地进行直播外，还可以搭建绿幕直播。绿幕直播是一种不受场地环境、地点限制的直播方式，一张绿幕、一套设备就可完成绿幕抠像，实现线上虚拟直播。

选择绿幕直播时，要注意以下事项。

① 直播所展示的主体不能与背景颜色太过接近；主播等出镜人物的衣服颜色不能太亮，最好穿与绿色对比明显的深色衣服。

② 直播设备尽量采用高清摄像头，采集颜色位深越高越好。

③ 绿幕抠像的最佳距离是1.5m左右，以在绿幕背景上没有影子为

准,减少主体投影可使背景抠像更为精确。

④ 收小镜头光圈,减少人物和背景之间的景深和边缘虚化。

⑤ 绿幕要避免出现过多褶皱,更不能有暗角。出镜人物和物品不能在背景前快速移动。

直播间的装饰布置

1. 直播间的空间布局

直播间的空间布局是直播团队根据直播画面的需要而设定的。在基础版的直播间,出现在直播画面中的内容有背景墙、推荐的商品、主播、助播、其他工作人员。因此,在设置直播间的空间布局时,可以将直播间分为背景区、主播活动区(一般包含商品展示区)、硬件摆放区(包括提示区、摄像设备摆放区、监视设备摆放区)和其他工作人员活动区。在这些分区中,只有背景区和主播活动区才可以出现在直播画面中。

在主播区,主播可以选择坐着或站着直播。主播坐着直播时,主播与背景间的距离要在50cm左右,以更好地衬托主播和产品;摄像头可以摆放得高一些,有一点儿俯拍视角更利于展示人像画面,并调整好主播与摄像头之间的距离,以呈现出更美的直播画面。主播站着直播时,摄像头可以摆放得低一些,有一点儿仰拍视角,可以拉长主播的身高,让主播的身材显得更好;摄像头与主播之间的距离以能显示主播的大半身或全身为准,且保证主播讲解产品走动时不会出画面。

2. 直播间的背景装饰

直播间的背景装饰,可以从以下几方面进行布置。

(1)**背景布的选择**。背景布主要有广告背景布、纯色背景布。我们可以根据直播需要定制广告背景布来作为直播间的背景,可以在广告背景布上印上品牌logo、促销活动内容等;纯色背景布的材质一般是涤棉混纺的，不透光、不反光，适用于拍照或抠图。

当然，直播间的墙体也可以作为背景使用，只要简洁、大方、不反光即可。

（2）**装饰点缀**。为了不让直播间显得过于空旷，可以选择一些室内盆栽、玩偶等进行装饰。但直播间的布置也不能过于复杂、奢华，干净、整洁即可。如果遇到节假日，直播间可以布置一些与节日气息相关的物件，以提升直播间的节日氛围感。

（3）**货架、展示柜**。用货架或展示柜作为直播间的背景，并摆放样品等。要注意直播间货架或展示柜的摆放不能喧宾夺主，占据主播活动区。

（4）**地面布置**。地面可以选择浅色系地毯、木地板进行布置。在展示美妆、服饰、珠宝类产品时，地板布置也会起到一定的作用，能提升直播间的高级感和格调。

3. 直播间的光源布置

直播间的布光比较讲究，有效布光不仅能展示主播良好的形象，还可以营造直播间的氛围。通常，直播间的光源分类及布置如下。

（1）**主光**。主光起主要的照明作用，用来映射主播的外貌和形态，能使主播面部受光更加均匀，是灯光美颜的第一步。一般布置在主播的正面，与视频摄像头上的镜头光轴形成0~15度的夹角，以让光线更加均匀地照射主播面部，还能起到磨皮、美白的作用。如果只用主光正面照射人脸，会使整个画面缺乏层次感。

（2）**顶光**。顶光是次于主光的光源，从主播的头顶位置照射，给背景和地面增加照明，并产生投影感，有助于增强主播面部的立体感。顶光离主播的距离最好不超过2米。顶光容易在主播的眼睛和鼻子下方形成阴影。

（3）**辅助光**。辅助光可增加主播面部的立体感，起突出主播侧面轮廓的作用。辅助光从主播左右两侧呈90度照射，要注意亮度的调节，避免光线太亮使画面出现过度曝光和部分太暗的情况。

（4）轮廓光。轮廓光也叫作逆光，放置在主播身后，勾勒主播轮廓，以起到突出主体的作用。轮廓光的亮度要适中，不能过亮。

（5）背景光。背景光又称环境光，为背景照明，使直播间的各点亮度尽可能统一，让室内光线更加均匀。背景光起均匀灯光效果的作用，因此灯光应采取低光亮、多光源的方法布置。

例如，图8-1所示是直播间的布光演示。

图8-1　直播间布光演示

选择直播入口：手机端or电脑端

▶▶▶▶▶
　　直播入口有手机端和电脑端两种。对于一些初涉抖音电商的从业人员来说，利用一部手机，就可以在抖音上实现直播带货。当然，在电脑端直播也是一种很好的选择，电商人员利用电脑端直播软件的强大功能，能呈现出更好的直播效果。

手机端：让开通带货权限的你想播就播

选择用手机进行直播的抖音电商，可以利用抖音App或抖店App开启直播。

1．利用抖音 App 开启直播

在手机端利用抖音App，抖音电商人员可以随时随地实现电商直播。具体来说，经过实名认证的抖音电商，通过点击抖音App首页的"+"，选择"开直播"（如图8-2所示），并对直播内容进行设置（可以绑定直播话题，获得更多推荐人气），如图8-3、图8-4所示，即可开启直播。

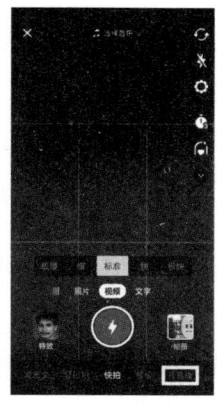
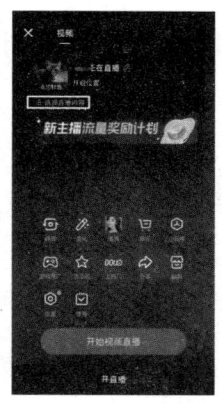
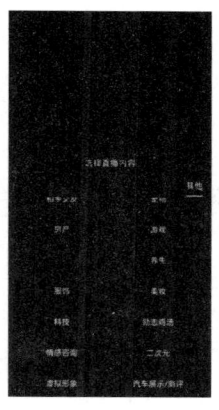

图8-2　选择"开直播"　　图8-3　点击"选择直播内容"　　图8-4　"选择直播内容"页面

2．利用抖店 App 开启直播

抖音商家如果已经开通了抖音小店，那么还可以通过抖店App开启直播。

首先，进入抖店App，点击首页底部的"直播"（如图8-5所示），即可进入"玩转直播"页面，和图8-6所示。"玩转直播"页面会根据商家以往的开播场次来对拥有不同直播经验的商家进行直播动作引导和工具提供,助力商家玩转直播经营。

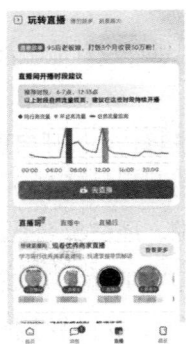

图8-5 点击"直播" 　　图8-6 "玩转直播"页面

抖音商家若在"直播中"选择"用手机开播",即可在手机端直播卖货。

电脑端:直播伴侣,让你一键开播

选择在电脑端进行直播的抖音电商,可以使用抖音推出的直播伴侣软件。

① 通过直播伴侣官网下载安装直播伴侣软件。 如图8-7所示,在直播伴侣官网展示了该软件的使用指南,抖音电商人员可以进行学习。

图8-7 直播伴侣官网

② 安装完成直播伴侣之后，可以选择抖音平台进行登录，如图8-8所示是直播伴侣登录后的界面，展示了各功能区的具体作用。

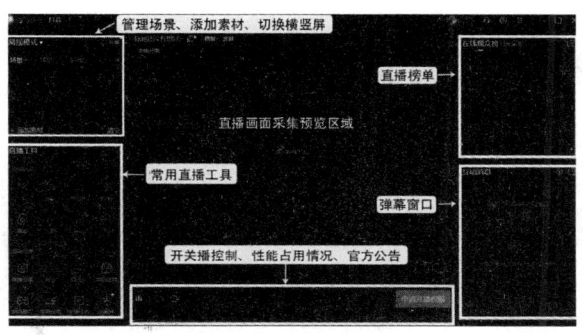

图8-8　直播伴侣界面

③ 进行开播设置。要注意，只有商家的抖音账号粉丝数量≥1000人时才能达到电脑端开播的要求。符合要求的商家用电脑直播时，可以根据直播伴侣官网上的使用指南，添加相关直播素材，如图8-9所示。

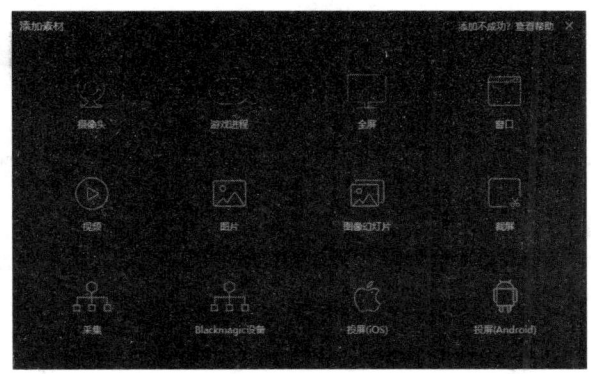

图8-9　直播伴侣添加素材操作

完成素材添加后，一般会将画面切换成竖屏画面模式，以更好地适配用户观看时的手机画面，一旦选定横屏或竖屏，开播后无法再次切换。

开播前可以继续对添加好的素材进行管理（设置、删除、隐藏/显示），以满足直播需要。

设计直播脚本，才能稳扎稳打推进直播

> ▶▶▶▶▶
> 直播脚本就像是一场直播的大纲。直播通常是一个节奏紧凑的过程，依据直播脚本，主播才能循序渐进、稳中有序地推进直播，把控好直播节奏，规范直播流程，以达到预期的营销效果，实现直播效益最大化。当然，在直播脚本的辅助下，主播也能有效遵守平台规则，避免出现违规行为，影响直播进程。

◉ 创作直播脚本需要谨记的核心要素

直播脚本是梳理直播流程的有效工具。在创作直播脚本的过程中，以下核心要素需要关注。

（1）**明确直播主题**。搞清楚本场直播的目的，如回馈粉丝、新品上市、大型促销活动等。让用户清楚他们在这场直播中能看到什么、获得什么，从而有更多的兴趣关注直播。

对于一场直播，最好对应一个有噱头且简洁的主题，让主播在直播间有讨论的话题，从而提升直播间的人气。

（2）**梳理直播流程**。一场完整的直播，通常包括开场互动、整场产品预告、产品介绍、滞销返场、下场预告等步骤，主播要把控好每一个步骤的时间节点、目的、互动方式等，具体内容见表8-1。

表8-1 一场直播的步骤设计

步骤	时间段	具体内容
1	开场前5分钟	欢迎用户,热场活跃直播间的气氛
2	开场5~10分钟	向用户展示本场直播中的新款、特色款或主推款等
3	开场10~20分钟	将本场直播的所有产品简单过一遍,激发用户的购买需求
4	开场20分钟到下播前30分钟	主播逐个讲解直播间的产品,其他成员需要及时反馈销售数据,以供主播调整产品顺序,或者根据销售情况确定是否增加上货数量。为了吸引用户长时间留在直播间,一般会把重磅产品的顺序排在靠后的时间点,爆款产品则会穿插在其他类型产品之间
5	下播前30分钟	让呼声较高的产品返场,再次提醒用户领券购买
6	下播前10分钟	感谢用户在直播间下单,并对下一场直播进行预告,提前透露一些新品信息等
7	下播前2分钟	再次强调下一场直播,透露相关福利,并引导用户关注账号,向用户道别

（3）**调度直播分工**。我们要在直播脚本中对主播、助播、运营人员的动作、行为、话术等做出指导,明确直播参与人员的分工。例如,主播的主要职责是引导观众、介绍产品、解释相关优惠活动规则等,助理的主要职责是现场互动、回复问题、发送优惠信息等,运营人员负责后台数据监控、产品价格修改等。

（4）**控制直播预算**。在直播间,优惠活动是影响用户下单的主要因素。在整场直播开始之前,直播团队要细致规划整场直播的优惠活动,例如什么时候为用户发红包、要设置哪些优惠券等。

整场直播脚本的设计

一场直播可以分为三大环节：开场环节、正式售卖环节和结束环节。在设计整场直播的脚本时，我们就要依据这三大环节来进行。

（1）**开场环节**。做好暖场，活跃直播间的气氛。暖场时长控制在5~15分钟即可，在此阶段，主播要热情地与用户打招呼，问候进入直播间的用户，做一些活跃气氛的福利发放活动，并与用户进行友好互动。

（2）**正式售卖环节**。此环节可以分为售卖初期、售卖高潮期、售卖尾期3个阶段，具体内容见表8-2。每个阶段的时长要根据直播间的销售情况进行确定。

表8-2　直播间正式售卖环节的营销重点

售卖阶段	直播间的一般状态	重点工作
售卖初期	营销氛围欠佳，用户具有一定的从众和看热闹的心态	逐步提升直播间的气氛，抛出低价引流款，引导粉丝发弹幕评论互动，吸引用户停留
售卖高潮期	卖货氛围和人气都会有一定的提高	抓住售卖的高潮期，抛出性价比高、有价格优势的产品，并将高客单价和低客单价的产品结合起来，以满足不同消费能力用户的需求。为了让价格敏感型用户更积极地下单，还可以将其他渠道该产品的价格进行展示，来打消用户对产品价格的顾虑
售卖尾期	直播间的流量开始下降，用户购买欲望降低	可以采用秒杀、免单来吸引用户的注意力，提高用户的下单率，还可以将潜力爆款进行再次返场销售

（3）**结束环节**。用10分钟左右的时间进行整场直播的收尾工作。

抖音电商人员除了可以设计整场直播的脚本之外，还可以为直播间的爆款、新款等设计单品直播脚本。单品直播脚本的设计，通常要遵循以下逻辑，如图8-10所示。

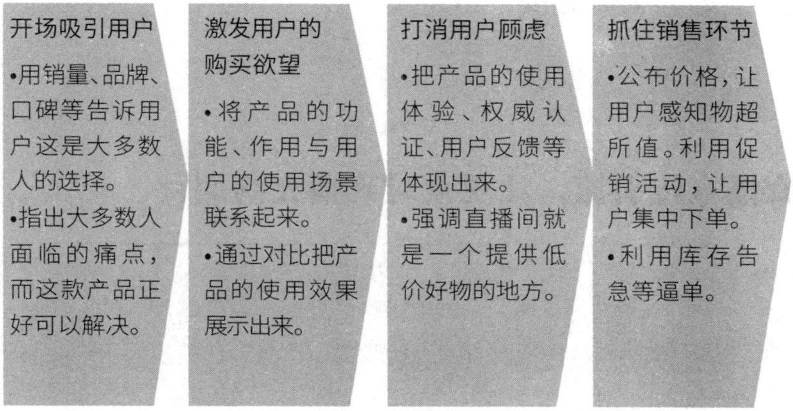

开场吸引用户
•用销量、品牌、口碑等告诉用户这是大多数人的选择。
•指出大多数人面临的痛点，而这款产品正好可以解决。
激发用户的购买欲望
•将产品的功能、作用与用户的使用场景联系起来。
•通过对比把产品的使用效果展示出来。
打消用户顾虑
•把产品的使用体验、权威认证、用户反馈等体现出来。
•强调直播间就是一个提供低价好物的地方。
抓住销售环节
•公布价格，让用户感知物超所值。利用促销活动，让用户集中下单。
•利用库存告急等逼单。

图8-10 单品直播脚本设计

编写完成的直播脚本，可以在抖音电商平台进行预审，以对主播脚本文案进行检测（依据《中华人民共和国广告法》提及的虚假宣传进行检测），来帮助抖音电商人员了解脚本中的违规问题并及时进行处理。

直播脚本的预审操作需要电商运营人员通过巨量百应平台的“直播脚本→脚本预审”来完成，如图8-11所示。

Buy in 巨量百应
首页
直播管理
作者成长
精选联盟
数据参谋
平台活动
抖音电商学习中心
直播管理
直播中控台
直播商品计划
直播间发券
脚本预审
直播预告
直播设置

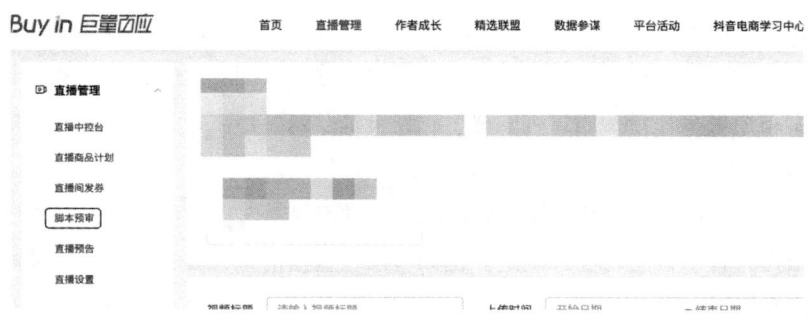

图8-11 直播“脚本预审”操作

抖音电商运营人员在使用脚本预审工具时，要注意每日已使用次数（上传失败和审核失败不会占用每日可使用次数），以有效利用该工具实现脚本预审。当直播脚本的审核状态变为"已审核"时，运营人员可以下载文档查看审核结果，如有违规情况，文档中会有相应标注。

直播宣传引流，让观众对直播充满期待

> ▶▶▶▶▶
> 在一场电商直播开启之前，抖音电商还需要做好宣传引流工作，来为即将进行的直播进行预热、造势，让更多的用户关注直播。

直播引流时机的把握

为直播活动引流，把握引流时机也是非常重要的一项工作，这主要涉及以下内容。

（1）**引流内容发布时间的把握**。通常，大多数人使用手机休闲放松娱乐的时间是19：00-21：00这个时间段，很多主播也会选择在这个时间段进行直播。那么，抖音电商就要在这个时间段之前就将引流内容发布出来，让目标用户可以尽早看到直播预告。通常，在直播正式开播前1~3天发布直播预告是一个不错的时间点。

（2）**引流内容发布节奏的确定**。引流内容发布节奏的快慢，可以根据抖音平台的特性来确定。例如可以在直播前每天发布一条与直播间产品相关的解答视频或参与抖音热门话题的挑战。抖音电商也可以从开播前一直到直播结束，逐渐对产品进行曝光，来持续为直播间引流。

（3）大型直播营销活动的预告时间安排。大型直播营销活动的预告时间一般与普通直播营销活动的预告时间有所不同。抖音电商人员在策划一场大型直播营销活动时，预告宣传一般要抓住4个时间点。

①提前一周：提前一周发布直播预告短视频，并在视频中提及一些产品信息，特别是新品的相关信息。

②开播前3天：继续发布与直播相关的短视频或图文，来透露更多直播信息、优惠信息与直播嘉宾等。

③开播前一天：发布一条新品预告短视频，在视频中再次强调直播时间，邀请用户准时进入直播间观看直播。

④开播前30分钟：做最后一次直播预告，强调直播的主题、核心内容、福利等。

目前，抖音平台已经上线直播预告贴纸工具。抖音电商在发布预告视频时，可以使用这个工具，将开播信息推送给更多潜在用户。具体操作方法是，在抖音首页点击"+"，添加照片或视频，在屏幕右侧的"贴纸"工具中选择"直播预告"贴纸，如图8-12和图8-13所示。

图8-12 点击"贴纸"工具　　图8-13 选择"直播预告"贴纸

在贴纸中设定开播时间，即可发布一条直播预告视频，主播会在开播前收到对应的预告开播提醒。需要注意的是，只有之前开过直播的账号，才能在发布视频的贴纸工具中看到直播预告贴纸，并一键使用直播预告贴纸。

直播引流的内容设计

引流内容决定着引流效果，优质的引流内容可以为直播间创造巨大的营销价值。在设计直播引流内容时，抖音电商人员要从引流标题设计、引流短视频内容策划、引流文案撰写这3个方面着手，设计出有创意且贴合直播内容的引流内容。

1．引流标题设计

优质引流标题的诞生，往往需要抖音电商反复地打磨、优化。抖音电商在设计直播引流标题时，通常要从以下几点出发。

（1）**吸引力**。用户更愿意关注自己感兴趣的内容，因此引流标题的设计就要贴合目标用户的兴趣爱好，只展示能吸引目标用户注意力的内容。

（2）**引导力**。有引导力的标题自然而然会让更多的用户点击浏览关键内容，从而达到引流目标。

（3）**表达力**。碎片化的阅读习惯让人们更加愿意关注短平快的内容，标题就是这样的内容，那些能够概括核心内容的标题，更符合用户的阅读习惯，会让他们快速获取内容要点。

在设计引流标题时，利用以下方法，能将引流标题设计得更加有吸引力。

① 数字化。将内容中的重要数据或思路架构整合到标题中。

② 人物化。将专业人士或名人的观点展示在标题中。

③ 体验化。用"激动""兴奋""强烈推荐""我看过了"等情感类或行为类字眼将用户拉入特定场景中。

④ 稀缺化。提示用户产品数量有限或数量紧缺，以提高内容的浏览量。

⑤ 热点化。加入热点关键词，让标题与热点相关联。

⑥ 神秘化。抓住用户的猎奇心理，越是神秘的内容越能吸引用户一探究竟。

2．引流短视频内容策划

引流短视频，既要能增加直播信息的曝光量，又要能为账号吸引更多的粉丝。在策划引流短视频的内容时，可以从以下几个方面出发。

（1）**以预告抽奖福利为主的短视频**。抖音电商通过拍摄以抽奖福利为主的短视频（视频时长最好保持在15秒左右），热情地向用户宣告直播间的重大福利，以吸引用户关注直播，并准时进入直播间。

（2）**符合直播主题的情景剧类短视频**。通过策划与直播主题相关的、有感染力的情景剧——常见的情景剧主题有爱情、创业、逆袭、家庭、亲情等，以击中用户的痛点，让用户产生情感共鸣，自发地转发、评论、点赞、收藏引流短视频，进而增加引流短视频的曝光量。

（3）**以知识传播为主的短视频**。干货和技能分享类短视频一直比较受用户青睐，而且此类短视频的吸粉能力强。因此，抖音电商可以从这一角度出发，制作干货及技能分享类短视频，并加入直播预告或直播信息，为直播引流。

（4）**商品测评类短视频**。抖音电商可以使用某种产品，或按照一定的标准做功能性或非功能性检测，然后将体验或检测结果做成短视频，给出结果分析和评价，帮助用户从诸多的产品中做出选择。

（5）**实地走访类短视频**。抖音电商还可以将主播实地走访产品生产车间或生产地的内容做成短视频，通过真实的记录来展示产品的方方面面，以增强用户对直播间内容的信赖。

（6）**以直播片段为主的短视频**。抖音电商还可以将往期直播中的一些高光画面进行整理，制作成有趣的回放短视频，在回顾往期直播的过程中引出下一场直播的内容。

直播引流短视频的创作方法多种多样，电商运营人员可以根据实际需要以及经验积累灵活策划引流短视频的内容，只要能将内容以有趣的方式呈现给用户，能获得用户的认同即可。

3．引流文案撰写

撰写引流文案时，可以贴近以下类型。

（1）**互动类文案**。此类文案一般采用疑问或反问句式，以带有启发性的开放式问题制造悬念，给用户留下一定的想象空间，提升其参与感。

（2）**叙述类视频文案**。直播团队根据直播主题和商品特点，选择有场景感的视角，对画面进行生动描述，为用户营造置身其中的感觉。

利用好巨量百应引流工具

巨量百应是抖音电商官方运营的综合技术服务平台，为达人、服务商提供各项技术服务，以便用户查看相关数据信息，还可与其他账号建立绑定关系，获得绑定账号的功能权限，提升运营效率。

在巨量百应平台，只要符合条件的抖音达人（作者等级L4-L6，带货口碑分≥4.5，平台会自动开通直播预告功能）登录后，就可以发布直播商品预告，设置开播时间、Banner图、开播价（需为直播间到手价格，非必填）和预告红包。直播预告发布成功后，即可在创作者个人主页直播动态、店铺页（仅绑定官方店铺的）、绑定商品预告贴纸的短视频上展示直播预告信息。预告商品信息包含3个及以上商品的，亦可通过抖音搜索创作者昵称或ID在搜索结果页查看。

如果达人在巨量百应工作台可以看到"直播预告"功能，如图8-14所示，说明目前达人已经享有该功能，根据相应提示设置直播预告信息即可；如果看不到该功能，在达人符合平台的相应条件后，会自动拥有

"直播预告"功能。

图8-14 巨量百应直播预告功能

设置完成直播预告之后,达人要按照预告信息准时开播,售卖预告的商品,这样才能长期维护与直播间观众间的信任感。若平台发现直播预告信息和真实开播信息不符而导致消费者权益受损,则会取消达人发布预告功能的权限。

第九章

直播带货：为目标用户创造消费机会

直播间是抖音电商的主战场。在这里，使用有效的营销工具吸引用户下单，与用户达成交易，是做一场电商直播的主要目的。所以，把握直播间这块营销阵地，是抖音电商的重中之重。

掌握商品介绍技能,让成交量快速增长

> ▶▶▶▶▶
> 主播在直播间向用户介绍商品,并不是简单地罗列商品信息,而是在使用话术的基础上,运用有效的商品介绍技巧,根据用户的心理需求,给出与商品相关的重点信息,让商品介绍变成一个轻松分享的过程,从而吸引用户下单,促进转化。

常用的直播间商品介绍法则与步骤

1. FABE法则

在直播间,主播需要条理清晰地将每一件商品介绍给用户,进而打动用户,促成交易。对大多数主播来说,FABE法则是有效进行商品讲解的方法,其具体内容如图9-1所示。

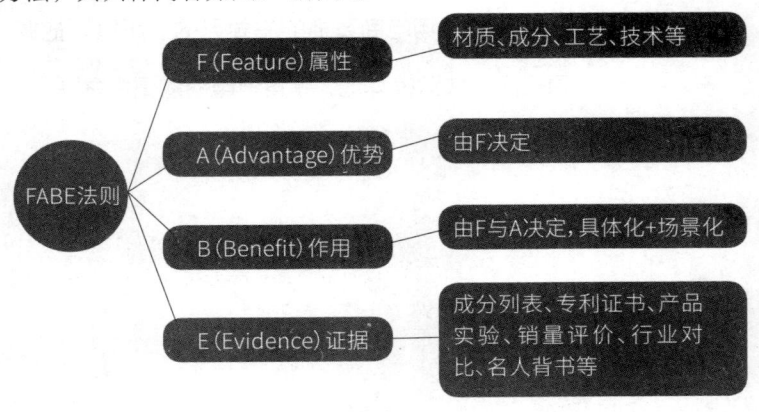

图9-1 FABE法则

FABE法则是一种非常典型的利益推销法,是非常具体且操作性非常强的产品介绍方法。我们运用此法通过对产品属性、优势、作用、证据这4个层面的讲解,能巧妙地处理好用户关心的问题,顺利进行产品价值的传播。主播在使用FABE法则时,通过话术技巧和对所介绍内容的排列,能有效增加用户对产品的信任度,进而提升产品转化。

2. 商品介绍基本步骤

主播在向用户介绍商品时应遵循以下步骤,如图9-2所示。

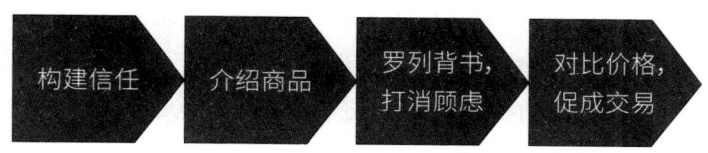

图9-2 商品介绍基本步骤

(1)**构建信任**。信任是进行商业互动与合作的基础。在直播间,主播想要与用户建立信任,可以通过展示自己在习惯、兴趣、经历、认知等方面与用户的相似性等方式。这是因为大多人更容易相信与自己相似的人。此外,由于一些用户在直播间往往会冲动消费,所以主播还可以引导用户理性消费,以此获得用户的好感。

(2)**介绍商品**。在获得用户一定的信任之后,主播可以向观众推荐商品,这时就要使用到FABE法则,把与产品相关的主要卖点分享给用户,例如哪些配料或配置是该产品特有的,具体的作用是什么,能解决用户的哪些痛点等。在介绍产品主要卖点的基础上,主播还可以将产品的一些辅助卖点进行介绍,例如产品设计、小配件、赠品等的优势,这能很好地提升产品的附加值。

(3)**罗列背书,打消顾虑**。主播可以将产品相关的背书(名人背书、数据背书、用户案例)等分享给用户,给用户最大的安全感,以打消其消费顾虑,更加主动地下单消费。

(4)**对比价格,促成交易**。 介绍产品的最后一步,就是给出产品价格。主播向用户介绍价格时，可以使用竞品价格对比、价格均摊（将产品的价格按照使用时间均摊到更小的时间单位中）、价格转化（将商品的价格与其他常见商品的价格进行对比）3种方法。

3．商品介绍技巧

为了拉近与用户之间的距离，给用户营造良好的消费体验，主播在向用户介绍商品时，还可以使用一些商品介绍技巧，主要有以下几种。

（1）**介绍产品品牌故事**。消费者在直播间消费时，有时可能不会关注没有听说过的一些品牌，因而对一些产品的信任度比较低。这时主播可以从产品品牌由来、经营理念、运作规则、售后保证等方面对品牌进行介绍，以提升产品的竞争力，更好地打造品牌形象，提升用户的信任度。

（2）**由外向内地介绍产品**。主播在向用户推荐产品时，要尽可能全面细致地将产品展示给用户，例如，既介绍产品的包装、规格、成分等，也介绍产品的设计、触感、用途等，甚至还可以介绍产品的试用体验，以便用户充分了解产品。

（3）**为产品制造一个使用场景**。为产品制造一个使用场景，最经典的例子就是"怕上火，喝王老吉"，利用类似的例子把用户的痛点放到特定的场景中，然后展示如何用产品将烦恼消除。

（4）**展示产品的使用评价**。主播还可以将老用户对产品的优质好评展示在直播间。当然，在展示老用户的评价时，不要暴露用户的基本信息，只展示其评价即可。

引导直播间用户成交的基本法则

在直播间，主播向用户介绍完产品之后，接下来要做的就是引导用户下单消费。此时，可以通过以下五步来引导用户下单。

（1）**提出问题**。结合消费场景提出消费者的痛点及需求点。

（2）**强调问题**。要对相应的问题再次进行强调，进而发现消费者新的痛点及需求点。

（3）**引入产品**。以解决问题为出发点，引入同类产品。

（4）**提升产品**。通过行业、品牌、原料、售后等其他视角来增加产品本身的附加值。

（5）**降低门槛**。通过强调产品在直播间的优惠力度、专享价格以降低产品的价格门槛，同时通过强调产品的稀缺性等，冲破用户的消费心理防线，进而有效地将产品推销给消费者。

做好细分，管理直播间的用户

> ▶▶▶▶▶
> 让用户成为主播或直播间的粉丝，是促进直播间转化的关键途径。当主播或直播间拥有强大的粉丝基础时，直播间的营销数据会更加乐观，从而进一步提升直播间的商业价值。所以，抖音电商在直播的过程中，通过有效的用户管理，增强各类用户与主播或直播间之间的黏性，是一项重要的工作。

高黏性的高频消费型用户

直播间的高频消费型用户，是指那些追求高性价比，经常在直播间购物的高黏性用户。这类用户通过长期在线与主播互动及频繁的购买行为，与主播之间建立了较深的认同感，并有着稳定的购物习惯，因而能在直播间长期停留。

面对这类用户时，首先，主播和直播间要继续提升产品的丰富度，让这类用户可选择的消费品类更多，消费体验更好。其次，要为这类用户提供质量可靠和价格具有优势的产品，因为这类用户进入直播间的目的就是消费，那么为其提供物美价廉的商品是直播间的基本工作要求。最后，主播要在直播间与这类用户保持良好的互动，并进行感谢，让其在情感上得到一定的满足。

难以留存的低频消费型用户

低频消费型用户是指那些偶尔进入直播，且购物频次比较低的用户。这类用户通常对主播的信任度较低，担心商品的质量和售后问题，或是没有看到自己想要的商品，对直播间的产品价格比较敏感。

面对这类用户时，首先，要提升其对主播及直播间的信任感，专业、客观地介绍产品的特点、优势及不足，以便用户快速了解这款产品是否适合自己。其次，抖音电商要提升直播间产品品类的丰富度，也要注意提升同一产品的规格丰富度，以便用户找到自己喜爱的产品。最后，为了让价格敏感的用户产生购买欲望，直播间可以提供新客专属福利、新粉专属福利，或者定期抽奖、赠送礼品、发放优惠券等。

追求新奇的闲逛老用户

一些平台的老用户更喜欢追求新奇的东西，会在各个直播间"闲逛"，来寻找自己中意的产品。闲逛老用户通常是偶然进入直播间，如果碰到他们不知道的主播，那么他们对主播的认知和信任都会比较低，同时会对主播所推荐的商品保持观望的态度。

面对这类用户，首先，直播间可以设置新粉丝专属福利，例如额外赠送商品、价格减免等。其次，主播可以建议这类用户购买高性价比、口碑良好的商品，以增加用户对直播间的好感度和信任感，增加其下次光临的可能性。

● 喜爱主播的平台新用户

一些走进直播间的新用户,大多是因为受周围人和媒体的影响,渐渐喜爱主播而进入直播间观看直播。面对这类用户时,主播要继续做好内容输出、加强消费引导、强调直播间优惠力度等,增强用户的购买欲望。不管新用户有没有在店内消费,他们都是直播间的潜在用户,主播可以引导其关注直播间,成为直播间的粉丝。

策划、参与营销活动,提升直播间的带货能力

> ▶▶▶▶▶▶
> 抖音电商策划一系列营销活动,或者直接参与抖音电商平台的各类促销活动和使用平台的营销工具,是提升直播间销量的有效方式。抖音电商抓住各种消费时令及契机,打造相关的促销活动;参与由平台组织发起的营销活动,包含招商报名型平台营销活动和平台主动运营的营销活动;借助抖店后台营销中心的工具,来提升直播间的营销氛围和销量。

● 策划直播间促销活动,实现产品销售

对抖音电商来说,可以策划的直播促销活动多种多样,抖音电商要根据自身的营销需求,及时开展相关活动。

1. 节日型促销活动

对抖音电商来说,各种大大小小的节日都是有热度的促销契机。抖音电商在开展节日型促销活动时,要做好以下3个环节中的相关

工作，以助推营销活动顺利开展。

（1）确定促销时间。 根据节日的特性，促销活动最好是选择在节日的前夕或当天开展。

（2）确定促销主题。 根据节日特性设计有冲击力的、简短的、易记的促销主题，以引起用户的关注，给用户留下深刻印象。

（3）确定促销商品和价格。 选择契合促销活动主题的商品，并确定合理的商品价格。

2．时令促销活动

时令促销通常有清仓型促销和反时令促销。

① 清仓型促销通常是在一个季节过去大半后，针对前段时间的热销产品进行甩卖的活动；或者是针对前段时间销量较差的产品进行一次低价促销活动；也可能是在新品上市前夕，对上一代产品尾货进行降价销售的活动；还可能是在年末集中进行产品清仓处理。这类促销活动总是挂出"甩卖""清仓"的营销词，以吸引用户抢购。

② 反时令促销主要是针对一些季节性强（销售有淡旺季之分）的产品进行的促销活动。由于反时令促销往往给出具有优势的时令差价，因而能吸引大批用户购买。

3．特价优惠促销活动

特价优惠促销是让用户以低于正常水平的价格获得某种物品或利益的促销活动。

在实施特价优惠促销活动时，要注意特价优惠的商品必须是用户日常生活中使用频率较高的产品，或者是日常生活中的必需品。特价优惠商品的价格必须有足够的低价优势，这样才能形成明显的价格对比，取得用户的信任。特价优惠商品的数量及促销时间要有一定的限制（数量太多、促销时间过长，可能会影响总体利润；数量太少、促销时间过短，可能会让用户失望）。

当然，商家还可以根据自己所售商品的特性及营销需求，策划相关的直播间营销活动。例如，一些销售运动产品的商家，可以借助一些与运动健身有关的话题（全民健身等），来开展一些相关的"宠粉"活动。

参与平台活动，打造高转化率的营销阵地

抖音电商平台还为广大抖音电商提供了丰富的营销活动，主要有招商报名型平台营销活动和平台主动运营的营销活动。

1. 招商报名型平台营销活动

招商报名型平台营销活动是由抖音平台组织。抖音电商可通过抖店后台或巨量百应后台查询可报名的活动，并根据自身情况进行报名。

例如，在抖店的活动广场报名参与官方大促、频道活动和日常活动等营销活动，如图9-3所示。

图9-3 抖音电商平台营销活动

其中，官方大促是由抖音官方平台组织的平台促销活动，例如"818发现好物节""抖音年货节"等；频道活动是面向抖音商城等中心化入口的长期营销活动，例如"百亿补贴"等；日常活动是由行业等其他组织举办的营销活动，例如"抖in宝贝计划""夏日冰品季节"等。

2. 平台主动运营的营销活动

平台主动运营的营销活动由平台组织发起，无须抖音电商报名，例如平台新人补贴、大促红包激励、日常用户体验补贴等。

这些平台营销活动，能有效整合人、货、场等多种资源，帮助抖音电商获取更多的自然流量和活动流量。平台提供的营销氛围，以及平台为商家和用户提供的补贴，有助于提升参与相关活动的商品的转化率，进而实现抖音电商的利益最大化。

借助平台营销工具，引爆直播间

抖音电商平台还为抖音电商提供了丰富的营销工具，例如"达人专属营销""店铺新人礼金""赠品活动""拼团""限时限量购""优惠券"等，如图9-4所示。

图9-4 抖店营销工具

例如，抖音电商可以使用"赠品活动"营销工具在直播间进行促销。赠品活动是一种购买即赠的促销方式，通过为下单的用户附赠一些产品进行促销。无论是在直播间还是在其他销售场景中，消费者都不会对赠品有所抗拒，相反，赠品的存在会让用户有一种薅羊毛的感觉。而且合适的赠品不仅能促进用户快速下单，还会促进口碑传播，让用户提前种草新产品，提升直播间的互动氛围。

"赠品活动"营销工具的具体创建步骤：抖店后台→营销→营销工

具→赠品活动→立即新建，即可进入活动创建页面，如图9-5所示。然后，填写活动名称和活动时间，并选择赠品和主品。

图9-5　新建赠品活动

在开展买赠活动时，要注意以下一些细节：赠品要与直播间销售的主品有一定的关联性，即赠品与主品能相互依存、配合得当，让用户感受到购买主品附带的价值；赠品也要有一定的质量保证，是用户用得上且好用的赠品；可以告诉用户赠品的价值，让用户感受到商家的真诚。

此外，限时限量购也是一种有效的促销活动，抖音电商在设置的活动时间内以低于原价的价格售卖特定商品，消费者需在商家设置的活动时间内进行抢购，一旦超出活动时间或活动库存售罄，商品将立即恢复原价。

抖音电商平台为满足抖音电商日常降价的需求，明确用户对秒杀的认知体验，将限时限量购拆分为限时秒杀和普通降价促销两种活动类型。

（1）**限时秒杀活动**。时间规定在7天内，要求商品折扣较普通降价促销力度更大。短期的大幅降价，会给用户营造强烈的秒杀氛围，进而引爆产品的转化率。

商家设置限时秒杀活动后，相关商品会在抖音端的直播间、商品详情页中展现对应皮肤，如图9-6所示，这是营造营销氛围、促进用户下单、打造爆款商品的必备营销工具。

（2）**普通降价促销活动**。时间要求在365天以内，为日常的营销工具，对折扣力度和活动时间要求都较为宽松。

商家设置普通降价促销活动后，可以展示活动时限、商品活动价和商品原价，如图9-7所示。

 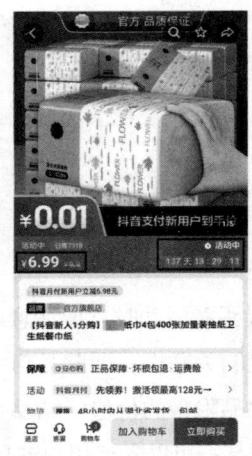

图9-6　限时秒杀活动展示　　图9-7　普通降价促销活动展示

第十章
复盘直播成果,做好粉丝维护

复盘就是抖音电商将直播过程重新梳理,把直播的每个环节,以及直播过程中出现的各种状况认真思考一遍,发现问题,寻找改进和提升的突破口;总结优势,继续保持。直播复盘以数据为基础对抖音电商生意进行研究,能有效助力抖音电商成长。

复盘到底有什么意义

> ▶▶▶▶▶
>
> 了解账号每日、每周、每月的直播数据,是抖音电商快速获取直播间经营情况的重要途径。实际上,这就是对直播间的营销数据进行复盘,方便我们快速判断直播间的优势与劣势。

● 直播复盘的基本价值

抖音电商做直播复盘,就是将已经结束的直播重新梳理一遍,总结经验和教训。新手抖音电商更要通过直播复盘,发现自身的经营问题。通常,通过直播复盘,抖音电商会有以下收获。

(1)**发现规律,将工作流程化**。通过多次的直播复盘,发现一些好用的直播技巧和方法,主播等电商人员能够根据自身的特点不断探寻适合自己、契合直播间产品的直播方式,让直播间的工作流程化,让经营变得更加得心应手。

(2)**纠正错误,避免再犯**。通过复盘回顾,我们能发现直播间出现错误的环节,将这些环节记录下来,并进行改正和优化,可以有效避免再次出现此类问题。

(3)**总结经验,提升能力**。在做直播的过程中,有时候会遇到一些突发情况,通过复盘、分析、总结遇到的问题,记录处理方案,就可以在以后的直播场景中快速、有效处理类似问题。

总的来说，直播复盘是了解抖音电商账号整体规划和运营进度是否一致的过程，也是一种发现自身劣势与竞争对手优势的手段，更是以全面的视角回顾运营情况，优化运营效果的过程。

直播复盘的基本操作步骤

直播复盘具体如何操作，通常有以下几个基本步骤，如图10-1所示。

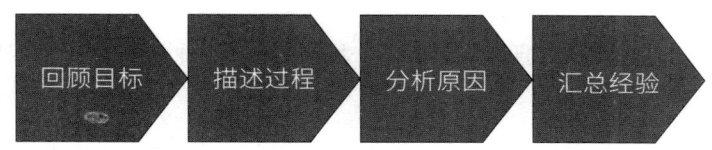

图10-1　直播复盘基本操作步骤

（1）**回顾目标**。抖音电商要根据自身的经营情况，设置适当的、清晰的目标，然后通过回顾已经结束的直播来判定目标达成的情况，进而得出直播营销业绩。这实际上是对直播结果进行评估，将运营结果与最初的目标进行对比，寻找差异，看目标是刚好完成还是超额完成，抑或没有完成。有时，在评估目标完成度的基础上，还需要设置新目标。

（2）**描述过程**。在完整记录直播的基础上，真实客观、全面准确地描述直播过程中的哪些操作是有益于实现营销目标的，哪些不利于营销目标的实现。

（3）**分析原因**。当直播结果与原有目标不符时，直播团队通常需要问自己3个问题："为什么会发生？""为什么没有发现？""为什么没能预防事故或糟糕结果？"从这3个角度分析直播中出现的问题，找到真正的原因，并给出合适的解决方案。

（4）**汇总经验**。将直播过程中的失败经历、成功经验进行汇总，形成表格或其他总结性文件，用来指导后续的直播工作。

直播复盘中的主要工作——数据分析

一场直播,其结果最终会以可视化的数据呈现出来,所以,数据分析工作是直播复盘的主要内容。

直播团队在分析数据时,要规范操作,这样才能保证分析结果的可靠性。通常,规范的数据分析主要包括以下内容。

(1)**确定分析目标**。直播团队分析直播间数据时,其目标主要是查找问题(寻找直播间数据上下波动的原因)、优化内容(寻找直播内容的优化方法)、优化运营(总结数据规律,测算平台算法)。

(2)**查看后台直播数据**。每一场直播结束之后,直播平台的后台都会展示直播数据。

(3)**整理数据**。对直播平台的后台提供的直播数据进行整理(对数据进行校对修正、整理加工,以保证数据的准确性、有效性和可参考性),以供分析使用。

(4)**分析数据**。拿到整理过的数据后,直播团队就可以对数据进行分析了。分析直播数据常用的方法有对比分析法和特殊事件分析法,如图10-2所示。

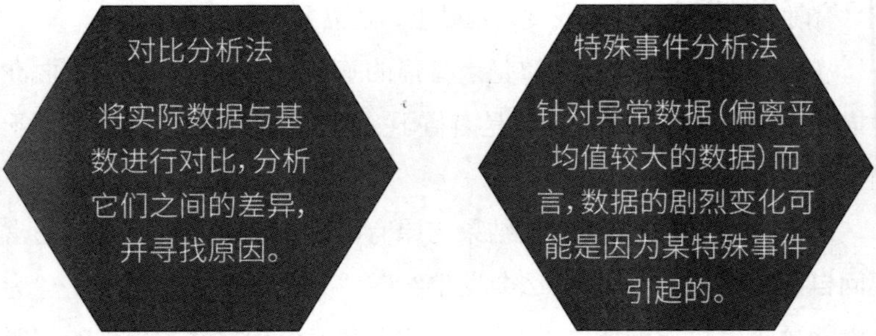

对比分析法
将实际数据与基数进行对比,分析它们之间的差异,并寻找原因。

特殊事件分析法
针对异常数据(偏离平均值较大的数据)而言,数据的剧烈变化可能是因为某特殊事件引起的。

图10-2 分析直播数据常用的方法

(5)**得出报告**。将数据分析结果整理成图表,然后形成文件,就算是一份完整的直播复盘报告了。直播平台的后台也会显示各类数据的图表结果,直播团队要做的就是对这些结果进行解读,发现数据背后的问题。

直播复盘,让抖音商家通过数据了解直播表现

> ▶▶▶▶▶
> 在具体的直播复盘过程中,到底要关注哪些数据,要如何分析这些数据等问题是商家比较关心的。直播平台的后台所展示的每一项数据,都具有分析价值,这里我们从关键数据和用户画像入手,来了解抖音电商直播复盘的基本内容。

复盘直播间的关键数据

通过汇总直播账号在统计时间段内的开播场次、开播天数和累计直播时长等基本信息,以及查看各项数据指标,如成交指标、流量指标、转化指标、客单指标的表现情况,可以帮助商家快速识别直播间的表现,做好经营安排。

① 成交指标:主要有直播间成交金额、直播间成交订单数、直播间成交件数。

② 流量指标:主要有累计观看人数、人均观看时长。

③ 转化指标:与累计观看人数、人均观看时长有关。

④ 客单指标:与客单价有关。

当一场直播结束之后,商家可以通过抖音电商罗盘直播大屏了解本场直播的详情,重点关注以下数据。

① 核心指标:看播率、关注率、互动率、转粉率、人均观看时长、千次观看成交金额等。

② 流量数据：整体流量转化漏斗，不同流量渠道的转化效率、分钟级趋势变化，短视频引流数据。

③ 商品数据：每件商品的点击率、点击成交转化率、讲解时长及每次讲解的流量变化。

④ 人群数据：观看用户的粉丝占比，成交用户的新老客占比，成交与未成交人群画像。

⑤ 主播数据：不同主播开播时长、单小时成交金额、引流、转粉及转化等。

商家在使用罗盘·经营进行直播复盘时，如图10-3所示，可以通过"数据概览"了解直播间的基本表现。其中，较同行同级优秀值是指同行同级中表现处于前25%的指标数值。

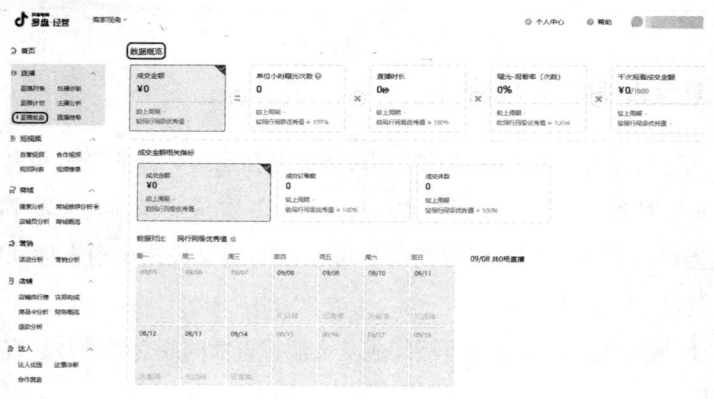

图10-3 商家直播复盘数据概览

洞察用户画像，掌握新老用户运营策略

对抖音商家来说，通过罗盘·经营的"人群"板块来洞察直播间人群画像，可以了解直播间用户的基础属性（性别分布、年龄分布、活跃时间分布、八大策略人群、常驻省份等）、购买偏好（类目偏好）、内容偏好（一级内容偏好），如图10-4所示，进而掌握新老用户的运营策略。

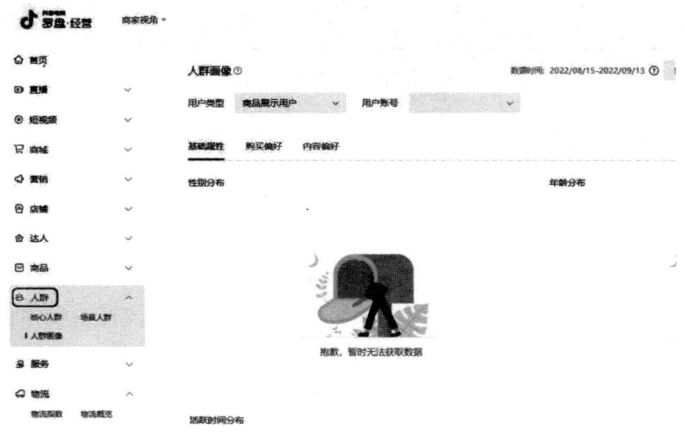

图10-4　罗盘·经营人群板块

抖音电商还可以通过人群画像的基础属性、行为属性、内容兴趣、货品兴趣四大特征来分解，见表10-1，进而了解消费者需求，发掘新市场机会。

表10-1　人群画像的四大特征

人群画像	应用场景	分析维度
基础属性	分析城市等级/八大策略人群	预测性别、年龄、常驻城市等级、学历、手机价格、八大策略人群、职业
行为属性	分析人群活跃/消费力	抖音活跃时段、近180天抖音电商消费频次、近180天抖音电商消费周期天数、近180天抖音电商消费金额、近180天抖音电商类目消费笔单价、抖音活跃等级、用户价格敏感度、用户冲动消费倾向度

续表

人群画像	应用场景	分析维度
内容兴趣	分析人群的短视频内容偏好	短视频二级类目偏好（可点击切换标签查看热门短视频榜单）、短视频三级类目偏好（可点击切换标签查看热门短视频榜单）
货品兴趣	分析人群的商品属性/跨类目偏好	支持切换分析一级类目、支持查看商品二级类目偏好、支持查看关联购买的商品一级类目、展示商品属性偏好(适用人群、功效等)

例如，预测的目标人群较显著的基础属性为常驻一线城市、年龄25~35岁、价格敏感度低，那么再结合这类目标人群的行为属性、内容偏好、购买偏好进行相应经营策略的调整（短视频内容的创新、产品标题的优化、产品类目的更新）。

根据人群的互动消费行为特征，还可以将其划分为"潜在用户—新用户—老用户"三层，见表10-2。

表10-2 电商用户划分

用户分层	说明
潜在用户	近365天未下单，基于用户在关联账号直播间、短视频、商品卡的互动行为算法综合判断的高潜力转化用户，主要互动行为举例：近30天有在直播、短视频、商品卡的曝光、点击行为，这部分用户在该店铺有高下单转化概率
新用户	近365天用户支付订单数=1
老用户	近365天用户支付订单数>1

直播诊断,帮助抖音达人做单场直播的复盘

> 对抖音达人来说,可以通过直播诊断来做直播复盘。自巨量百应达人工作台的"成长中心"功能上线之后,抖音达人可以在这里快速浏览自己的经营数据,获取直播带货方面的相关反馈,及时调整优化,有效掌握必要的经营技能。

巨量百应达人工作台直播诊断功能介绍

抖音达人可以通过巨量百应达人工作台的成长中心直接进入"直播诊断"并查看直播诊断详情,如图10-5所示。同时,达人还可以在此进行短视频诊断和口碑分诊断。

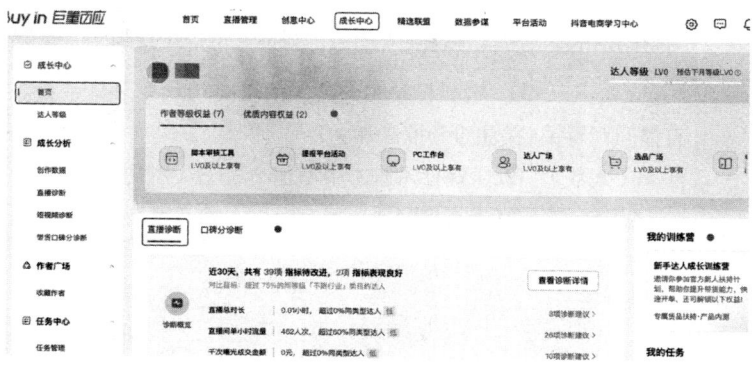

图10-5 巨量百应达人工作台直播诊断

达人在使用直播诊断工具时,可以思考以下这些问题,以帮助自己找到更好的经营方向。

① 我的销量为什么没有提升？是某些指标的竞争力低还是因为违规被限流？——明确影响因素。

② 我处于大盘的哪个层级，还有没有跃迁的空间？——找到优化的目标线。

③ 探索实操策略，用行动提升流量。——实施落地。

结合直播诊断结果，进行直播优化

直播诊断结果反映达人的整体直播能力，基于直播诊断结果，接下来达人要识别各类问题及其影响因素。

达人直播能力的提升建立在直播效率和直播时长的提升上。结合直播诊断结果中的勤奋度、内容、转化3个指标，对直播诊断给出一些提升策略，见表10-3。

表10-3 直播能力提升策略

指标	指标细分	提升策略
勤奋度	直播时长	若低于行业平均值，则增加每场直播的时长
	视频发布数	若低于行业平均值，则提升每周短视频的发布数量
内容	直播间观看关注率（人数）	① 增加粉丝相关营销活动（粉丝专享优惠券、仅关注可领取券等）； ② 主播话术脚本中增加"关注"相关内容； ③ 为直播间选择更有吸引力的产品

续表

指标	指标细分	提升策略
内容	直播间曝光观看率（人数）	① 优化用户预览直播时的画面内容（场景搭建、商品摆放、主播形象等）； ② 优化直播设备，使用专业的灯光设备，保证直播画面的清晰度、流畅度、整洁度等； ③ 优化直播间声效，保证主播声音清晰，无杂音、回音、爆音； ④ 利用抖音搜索直播间，观察展现的标题是否具有吸引点，是否与直播内容有紧密的关联度
	人均停留时长	① 调整直播间排品节奏与营销活动，完善福利品的直播话术，提升商品的吸引力； ② 提升直播间内容的可看性，用内容留住用户； ③ 优化直播节奏，增加与用户的互动内容； ④ 提升讲解专业度，用讲解全面的话术吸引用户停留
	直播间观看评论率（人数）	① 提升主播互动话术能力，带动粉丝参与互动； ② 策划与商品相关的互动小任务（报尺码/偏好等），让用户在了解商品的同时参与互动
	直播间曝光不喜欢率（人数）	① 提升直播间的内容质量，根据用户定位提供符合其偏好的内容； ② 避免输出带有偏见、攻击性、过分夸大等的内容

续表

指标	指标细分	提升策略
转化	商品点击率	① 多使用系统提供的正在讲解、限时秒杀等功能，为重点商品增加曝光机会； ② 完善商品卖点话术，利用商品细节、材质、设计等引导用户点击加购； ③ 组合销售商品，提升性价比； ④ 优化商品展示（现场展示等）； ⑤ 优化购物车信息（高清主图、简洁标题、特有卖点、优惠价格等）
	直播间曝光成交转化率（人数）/客单价	① 提升主播专业度，完善对商品卖点的讲解，提升用户对商品的感知度； ② 利用优惠促销活动提升转化； ③ 增设购买演示流程，帮助新用户顺利下单； ④ 用道具、音效、主播互动等营造热闹的购物氛围，激发用户的购物兴趣； ⑤ 加大对主推商品的讲解力度，让其获得更多曝光； ⑥ 积极与用户互动，为用户答疑解惑

以上直播能力提升策略，有些是可以通用的，达人和商家都可以根据需要对多类指标进行提升。抖音商家在直播复盘的过程中还可以通过商家版的直播诊断工具来进行直播分析，以更加精准的定位直播问题，制定有效的解决策略。

第十一章

高效运营，全方位管理，让生意火起来

无论是开通抖音小店的抖音商家还是从事带货的抖音达人，都需要做好日常的电商运营工作。抖音电商平台提供了丰富的日常运营工具，商家和达人借助这些工具，可以高效管理自己的生意。

抖店基本使用技巧概览

> ▶▶▶▶▶
> 抖音商家既可以通过抖店App经营生意,也可以通过电脑端抖店后台经营生意。无论是抖店App还是电脑端抖店后台,它们都具有强大的经营功能,不仅能帮助商家经营生意,还能帮助商家不断成长,商家只有跟上平台升级更新的节奏,有效、精准地实施经营计划,才能做好抖店生意。

认识抖店App

抖店App是一款"一站式移动运营工作台",其核心是为抖音商家提供服务。它在提供兴趣电商全场景运营管理工具的同时(如店铺运营、达人合作、广告投放等),协同平台运营能力,为商家提供内容素材、数据查询、与官方建联的渠道,帮助商家在抖音做好经营。

1. 下载抖店 App

抖音电商可以通过以下两种方式下载抖店App。

① 通过应用商店搜索"抖店"并下载,如图11-1所示,下载安装完成后即可根据最初入驻抖店时所选择的注册方式登录,如图11-2所示。

图11-1　通过应用商店下载抖店App

图11-2　抖店登录

② 进入抖店官网，手机扫码下载抖店App，如图11-3所示，下载安装完成后即可在手机端登录。

图11-3　通过官网下载抖店App

2. 抖店App基本功能介绍

如图11-4所示,抖店App主页底部标签主要有首页、消息、直播、成长。点击头像,可转到"我的"页面,如图11-5所示,商家可在此页面进行一些抖店的基础设置。

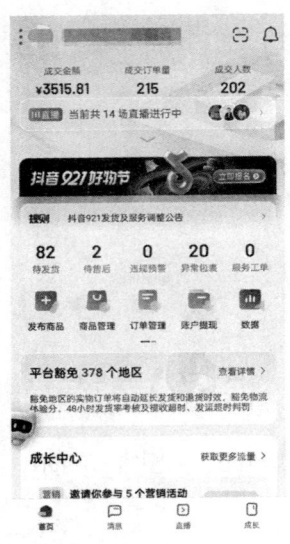

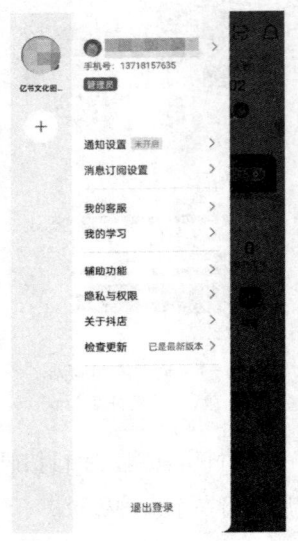

图11-4　抖店App"首页"页面　　　图11-5　抖店"我的"页面

(1)首页。"首页"是平台通知按类型和重要程度分板块展示的页面。其中,规则专区展示平台当前最重要的规则政策(如体验分、行业政策);平台豁免地区展示豁免政策等;此外还有成长中心和平台动态。

图11-6所示是待办区和常用工具区。其中,待办区通过数字展示商家目前未处理的待办事项;常用工具区展示使用频率最高的经营工具(待发货、待售后、违规预警、异常包裹、服务工单、发布商品、商品管理、订单管理、账户提现、数据),右滑二屏展示了其他经营工具。

图11-6 抖店App待办区和常用工具区

（2）消息。"消息"中包含便捷的客服接待工具，如图11-7所示，主要功能有接待、通知、飞书三大板块。

图11-7 抖店App"消息"页面

（3）直播。"直播"中展示"玩转直播"页面，如图11-8所示。玩转直播会根据商家开播场次的不同，对拥有不同直播经验的商家进行引导，助力商家快速上手直播经营，同时为商家提供多种直播产品和工具,例如,直播开播时长引导、直播前中后一站式教学、直播后诊断能力提供、直播优秀案例和工具配套提供。

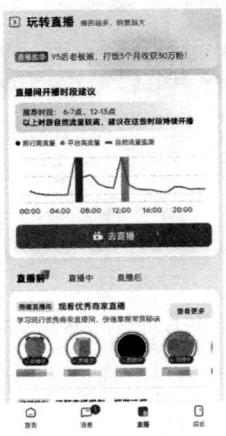

图11-8 抖店App"直播"页面

(4)成长。根据商家当前的经营情况,如图11-9所示,"成长"中展示"经营课程""电商规则""商城专区""平台功能",同时提供流量获取、直播运营、短视频运营等方面的策略。

图11-9 抖店App"成长"页面

认识电脑端抖店后台

如图11-10所示是电脑端抖店后台"首页"页面。

图11-10 电脑端抖店后台"首页"页面

（1）**左侧菜单栏**。在抖店后台首页的同一页面，可查看左侧所有菜单栏对应的功能。

例如，在"店铺"模块下，有4个二级分组，分别是"店铺装修""店铺保障""店铺成长""店铺管理"，在这些二级分组下面，展示了多个二级菜单，点击每个二级分组即可展开二级菜单，并访问相应的功能，如图11-11所示。

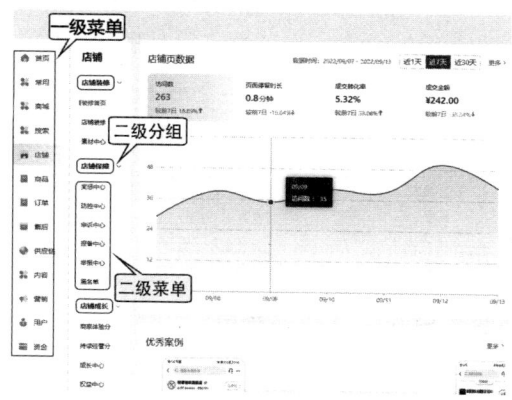

图11-11 电脑端抖店后台菜单栏查看

（2）顶部导航栏。商家可以直接访问电脑端抖店顶部导航栏的各项功能（巨量千川、精选联盟、电商罗盘、服务市场、学习中心），如图11-12所示。

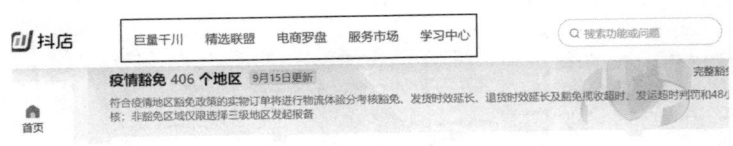

图11-12　电脑端抖店后台顶部导航栏

无论是抖店App，还是电脑端抖店后台，都处于持续更新的状态，抖音电商在经营过程中要及时关注平台的相关更新公告，解锁更多平台运营策略，以更好地经营抖店。

飞鸽客服系统，解决抖店的售前、售后问题

> ▶▶▶▶▶　飞鸽客服系统是抖店的IM客服系统。商家可以通过飞鸽客服系统处理用户咨询，解决售前、售后问题。飞鸽客服系统分为电脑端和移动端两种，电脑端飞鸽客服系统支持多店铺同时管理，消息弹窗提示以及提示声音更明显，因此建议商家直接下载电脑端飞鸽客户端进行使用。本书主要以电脑端飞鸽客服系统为例，介绍飞鸽客服系统的基本功能。

◉ 电脑端飞鸽客户端的下载与登录

1. 电脑端飞鸽客户端的下载

下载电脑端飞鸽客户端有以下两个途径。

① 直接访问飞鸽官网，按照需求下载相应的客户端即可。

② 通过抖店商家后台下载，如图11-13所示，在抖店后台右上角单击"客户端"进入飞鸽客户端下载页面，即可下载相应的客户端。

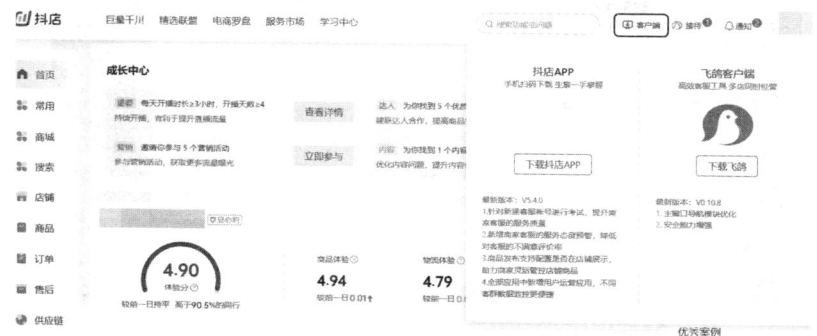

图11-13 通过抖店后台下载飞鸽客户端

如果商家或达人习惯使用网页版的飞鸽客服系统，那么可以通过抖店后台右上角的"接待"直接进入网页版飞鸽客服系统，然后对网页版飞鸽客服系统进行基础设置。

2. 登录电脑端飞鸽客户端

下载并安装电脑端飞鸽客户端之后，首先选择相应的登录身份，支持商家和达人客服使用，如图11-14所示，然后选择相应的登录方式登录飞鸽客户端即可，如图11-15所示。

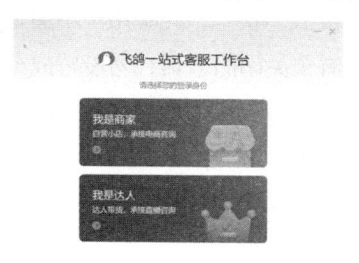

图11-14 选择登录身份　　图11-15 登录飞鸽客户端的方式

登录成功后要先对飞鸽系统工作台的消息提醒进行设置，以免错过用户的咨询，图11-16所示。

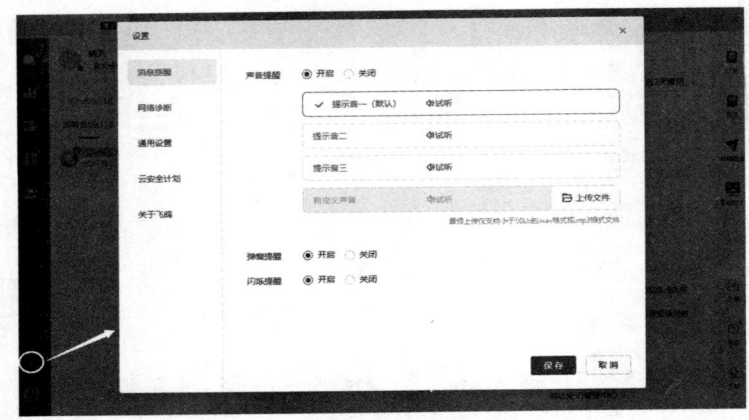

图11-16 飞鸽客服工作台消息提醒设置

认识电脑端飞鸽客服工作台界面

图11-17所示是电脑端飞鸽客服系统的基本功能展示，直接点击图中头像位置，可以设置客服在线状态：在线、小休、离线和退出登录。

在线：客服正常的工作状态，可以接线新用户。

小休：新用户不会进线，会话中的用户可以正常服务；该状态虽然不会被系统分配新会话，但可以接收其他客服转接的会话。

离线：客服下班时，可以切换成"离线"状态，此时用户不会直接进线或者被转接。如果当前会话列表仍有未关闭的会话，勿设置成离线状态，否则会影响3分钟回复率指标。

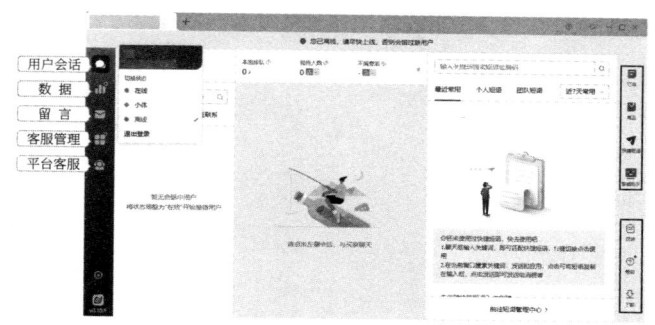

图11-17 电脑端飞鸽客服系统基本功能展示

通过图11-17可知,在电脑端飞鸽客服系统的左侧导航栏中,从上到下依次是"用户会话""数据""留言""客服管理""平台客服"功能;在右侧导航栏中,从上到下依次是"订单""商品""快捷短语""智能助手"等主要功能,此外还有"反馈""帮助""下载"选项。下面依次对主要功能进行介绍。

1. 左侧导航栏功能介绍

(1) **用户会话**页面。如图11-18所示,该页面包括会话列表、会话窗口,用于接待用户咨询。

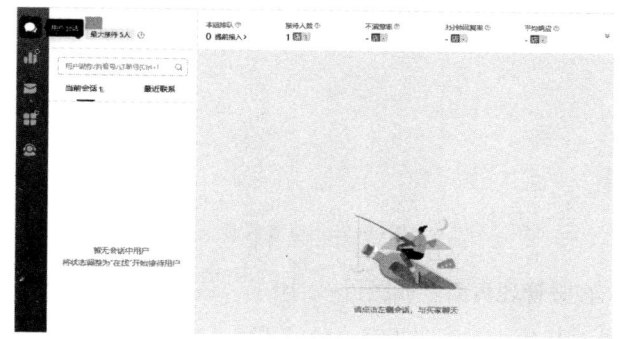

图11-18 用户会话页面

(2) **数据**页面。如图11-19所示,该页面包括店铺数据、客服数据、销售数据、历史会话、机器人数据、服务洞察,用于查看各项实时和历史数据。

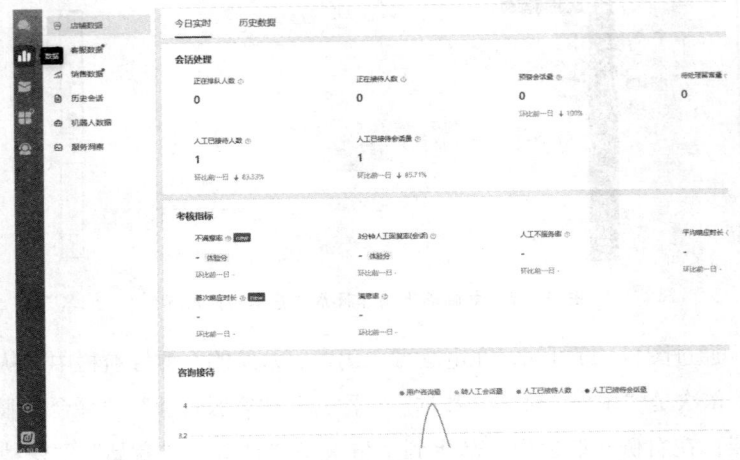

图11-19 数据页面

（3）**留言页面**。如图11-20所示，该页面用于查看离线留言并批量处理离线留言。

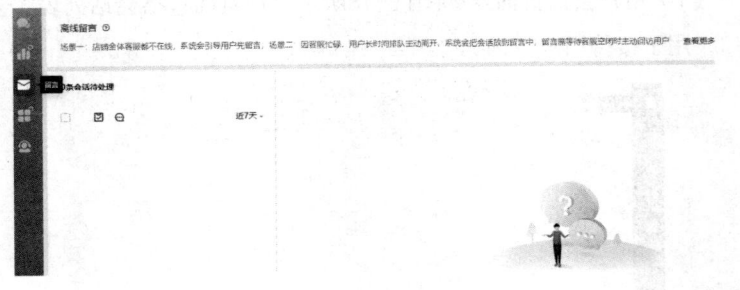

图11-20 留言页面

（4）**客服管理页面**。如图11-21所示，该页面可以进行个人设置、自动化设置、机器人、客服工具、分流排队、应用管理的操作。

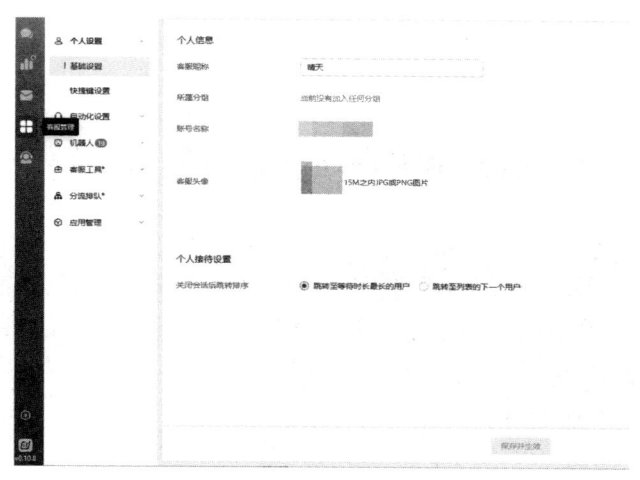

图11-21 客服管理页面

（5）**平台客服页面**。该页面是客服用来联系电商平台客服的页面。

2．右侧导航栏介绍

（1）**订单**。对正在接待的用户的所有订单进行售前、售后的操作。

（2）**商品**。查看全店的商品和用户浏览过的商品，可以给用户发送商品卡片和SKU（全称为Stock Keeping Unit，即库存量单位，是指商品的销售属性集合，供买家在下单时选择，例如"规格""颜色""尺码"等）信息。

（3）**快捷短语**。搜索查看最近、个人及团队的快捷短语。

（4）**智能助手**。开启机器人功能后可以设置智能回复。

（5）**反馈**。向平台反馈相关问题。

（6）**帮助**。即"飞鸽学堂"，里面有丰富的课程，能帮助新手客服、客服主管、一线客服熟悉平台相关操作。抖音电商的客服人员在使用飞鸽客服系统时，可以先通过该板块了解系统的各项功能，以更好地处理客服工作。

（7）**下载**。提供飞鸽客服系统的下载途径。

巨量平台，新手商家和达人的自助流量解决方案

> ▶▶▶▶▶▶ 巨量平台包括巨量千川和巨量百应，是抖音电商旗下的电商广告平台。具体来说，巨量千川是一体化电商广告投放与整合营销平台；巨量百应是高效的人货撮合平台，提供一站式商品分享管理服务。

● 巨量千川平台使用指南

1. 巨量千川开通指南

如商家已完成抖店官方账号和店铺的绑定，在店铺正常营业状态下，即可进入巨量千川平台，直接开通巨量千川账户进行广告投放。

达人抖音账号如已认证为抖店官方账号，且绑定店铺为正常营业状态，或已开通商品橱窗且通过审核，即可进入巨量千川平台，直接开通巨量千川账户进行广告投放；未认证为抖店官方账号或未开通商品橱窗的达人，需在巨量百应后台或抖音App—小店随心推完成实名认证及个人资质认证审核，通过后即可开通巨量千川账户进行广告投放。

2. 巨量千川基本使用技巧

巨量千川平台有多个入口：巨量千川平台官网（以下简称"平台官网"）、商家抖店后台（抖店电脑端和抖店手机端，以下简称"抖店—巨量千川"）和抖音App—小店随心推（"小店随心推"）。因平台入口不同，优惠权益发放和使用限制各异，具体见表11-1。

表11-1 巨量千川平台的优惠权益发放和使用限制

优惠权益	发放和使用限制	备注
增款/千川红包	平台官网、抖店—巨量千川发放,各平台入口通用	除非另有说明,否则仅可用于竞价推广,不支持品牌推广
消返红包	平台官网、抖店—巨量千川发放,仅可在平台官网、抖店—巨量千川使用	除非另有说明,否则仅可用于竞价推广,不支持品牌推广
小店随心推优惠券	小店随心推发放,仅可在小店随心推使用	简称"随心推券",曾用名"千川优惠券""千川券"

图11-22所示是巨量千川的首页,商家可以根据需要做竞价推广和品牌推广。

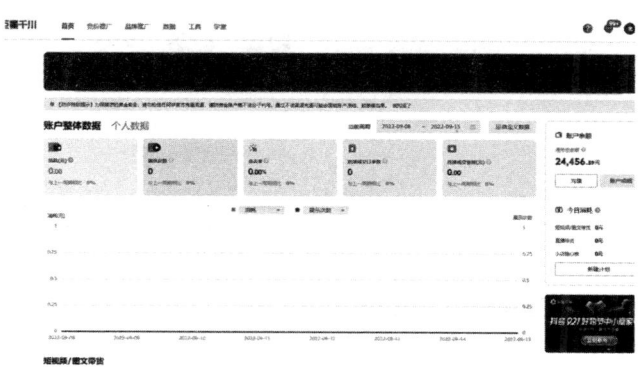

图11-22 巨量千川首页

在巨量千川平台,商家可以通过"数据"板块来查看相应的推广结果,以及与店铺经营有关的其他数据。在巨量千川的"工具"板块中,有"创意工具""投放工具""优化工具""账户工具"供商家选择使用。此外，商家还可以进入"学堂"板块学习各类经营技巧。

巨量百应平台使用指南

1. 巨量百应平台开通流程

抖音达人想开通巨量百应，首先，要注册一个抖音账号，并进行实名认证。其次，满足带货权限并开通商品橱窗（详见本书第14页内容）。最后，账号开通之后，达人还需要补充信息开通收款账号（聚合账户、合众账户、微信账户、支付宝账户）。

完成这些操作之后，达人就可以登录巨量百应平台。图11-23所示是巨量百应平台的登录页面，达人可以选择平台对应的登录方式登录，也可以选择手机登录。

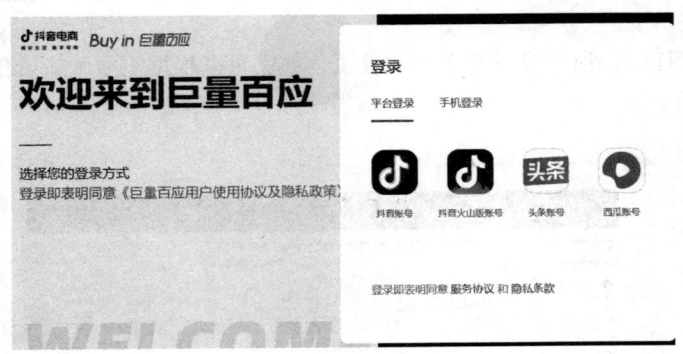

图11-23 巨量百应平台的登录页面

2. 巨量百应平台主要工具

图11-24所示是巨量百应工作台的功能展示，有首页、直播管理、创意中心、成长中心、精选联盟、数据参谋、平台活动、抖音电商学习中心。巨量百应工作台的各项工具处于不断完善的状态，达人应随时关注新上线的工具，高效经营自己的电商生意。

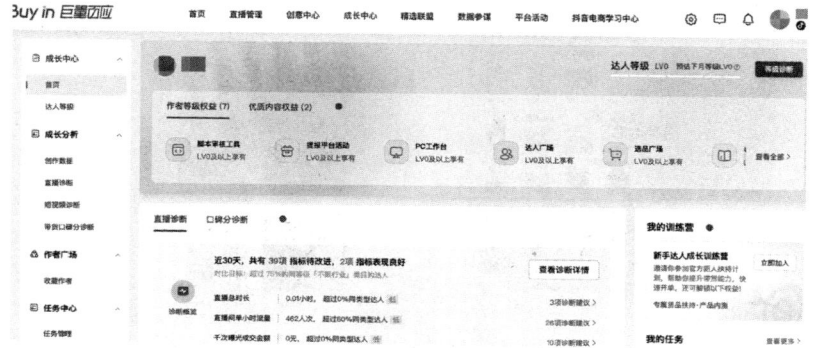

图11-24 巨量百应工作台功能展示

抖音商城,抖商经营的全域流量货架场景

> ▶▶▶▶▶
> 抖音商城,是小店平台、全球购平台的公域流量货架场景。消费者可以通过抖音App进入商城,其核心场景包括商城展示(商城公域展示模块的统称)、商城活动频道(商城内的营销活动频道)。

了解抖音商城的核心场景

抖音商城的核心场景是商城展示和商城活动频道,下面对它们的功能进行介绍。

1. 商城展示

商城展示是商城公域展示模块的统称,包括商城首页的商品展示区域和订单页面下方的商品展示区域,如图11-25和图11-26所示。

 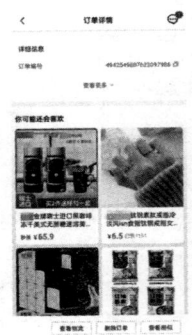

图11-25　商城首页的商品　　图11-26　订单页面下方的商品
　　　　　展示区域　　　　　　　　　　展示区域

商城展示是小店平台、全球购平台的公域展示渠道，抖音电商平台通过自动化匹配将商品、内容（短视频/直播）展示给用户。

2．商城活动频道

商城活动频道是商城内的营销活动频道，包含超值购、低价秒杀等，如图11-27所示。抖音电商平台陆续推出营销活动并进行招商，商家可通过抖店后台了解规则并参与活动。

图11-27　商城活动频道

了解抖音商城准入要求

根据《抖音商城管理规范》（2022年11月24日版本），符合以下商城准入基础要求的商品或内容（短视频/直播）将有机会被商城展示选中；如不再满足商城基础准入要求，平台将会取消对应商品或内容的展示。

1. 有动销商品入池基本要求

（1）商家要求。

①须为平台正常经营商家，即符合《招商标准及入驻规范》《全球购招商管理规则》等相关基础经营规则规定。

②商家体验分不低于4.3。

③店铺及其关联店铺无因出售假冒商品、发布混淆信息、不当获利等规则处罚的历史记录。

（2）商品要求。

①历史销量＞0。

②商品信息质量达到100分，且符合《商品信息发布规范》《全球购商品管理规范》发布要求（包括但不限主图/详情页清晰，无画风低俗、图片拼接、水印、过分P图等问题）。

③非重复铺货商品，如果存在多个同款商品则无法全部入池，详见《重复铺货规则指南》。

④综合好评分≥80%且综合差评分≤5%；其中，综合好评分=（商品好评数+店铺好评率*50）/（商品评价数+50）；综合差评分=（商品差评数+店铺差评率*50）/（商品评价数+50）。

⑤商品状态稳定在线，不存在重复铺货和频繁上下架（一周内上下架4次）等情形。

⑥商家价格稳定正常。稳定指商品价格不存在调整价格频率过快、幅度过大的情形，正常指不存在价格虚高、明显高于商品历史成交价的情形。

⑦商品不存在严重投诉、品质退货问题（相关指标可通过"抖店罗盘"查看，异常指标商品可参考《商家-危及消费者权益实施细则》及《全球购-危及消费者权益》实施细则进行整改提升）。

2. 无动销商品入池基础要求

（1）商家要求。

①须为平台正常经营商家，即已符合《招商标准及入驻规范》《全球购招商管理规则》等相关基础经营规则规定。

②商家体验分不低于4.3。

③店铺及其关联店铺无因出售假冒商品、发布混淆信息、不当获利等规则处罚的历史记录。

④非新手村商家。

⑤商家非个人店铺。

（2）商品要求

①商品分层达到G1或以上。

②商品类型为普通商品。

③商品信息质量达到100分，且符合《商品信息发布规范》《全球购商品管理规范》发布要求（包括但不限主图/详情页清晰，无画风低俗、图片拼接、水印、过分P图等问题）。

④非重复铺货商品，如果存在多个同款商品则无法全部入池，详见《重复铺货规则指南》[①]；

⑤商品状态稳定在线，不存在重复铺货和频繁上下架（一周内上下架4次）等情形。

⑥商家价格稳定正常。稳定指商品价格不存在调整价格频率过快、幅度过大的情形，正常指不存在价格虚高、明显高于商品历史成交价的情形。

此外，《抖音商城管理规范》还对内容准入要求（包括创作者要求、内容要求、封面要求）做出了规定，内容创作者需对其有一定的了解。

---

① 抖音电商学习中心发布的《重复铺货违规解读》视频。

第十二章
用抖音思维助力抖音电商实现长赢

抖音思维指抖音电商运营思维,它要求抖音电商在理解抖音平台逻辑的基础上,能拥有精准的运营思维。抖音思维如同方法论,能指导抖音电商用科学、有效的策略经营好电商生意。

策划思维：让自己更有竞争优势

> ▶▶▶▶▶
>
> 策划是针对未来发展做出的当前决策，能有效预测和指导未来工作的开展，并取得良好的成绩。策划实质是一个思维过程，包含了诸多思维形式，例如逻辑思维、辩证思维、发散思维、形象思维（对事物属性表象的联想、想象、分析、综合、抽象、概括等）、直觉思维（对事物关系表象的整体把握、直观透视和快速综合判断）、纵横思维（解决复杂问题实现创造性突破的心理加工策略）等。对抖音电商来说，策划思维的关键是抓住垂类细分，策划优质内容，在自己的赛道上实现长赢。

策划思维的基本表现

1．策划思维的本质特性

策划思维其实就是思维活动的过程，其基本特征是：具有一定的虚构性，以及相对的新颖性、超前性和可操作性。其中，虚构、新颖、超前体现了策划具有创新和创造的本质特性，具体表现在以下方面。

（1）**利益性**。这可以用孙武在《孙子兵法·火攻篇》中的一句话来概括："非利不动，非得不用，非危不战。"即没有利益不可行动，没有取胜的把握不可用兵，不到危险的时候决不开战。利益性体现了策划思维以目标为第一。

（2）**竞争性**。竞争在策划思维中的表现是比较，策划的优势从来都是一种比较优势，只有通过比较，才能得出更有价值的内容。当然，竞争性强调的是没有最好，只有更好。

（3）**奇胜性**。《孙子兵法·兵势》有言："凡战者，以正合，以奇胜。"这里的"正"是用兵的常法，指战争指导的一般规律；"奇"是用兵的变法，指战争指导的特殊规律。即但凡打仗，都要以正确的思想整合军队，在战术上讲究出奇制胜。在策划思维上，奇胜性表现为出奇制胜，贵在用奇，只有奇于用户的意料之外，才更容易吸引用户关注。

2．策划思维的基本过程

策划思维的基本过程，即解决问题的基本过程，由于这是一个复杂且难以准确描述的过程，因此我们将其分为以下4个阶段进行讲解。

（1）**准备阶段**。策划首先是从问题开始的，其根本目的是解决问题。现实中客观存在的问题非常多，但要发现它、提出它，并没有那么容易，相应地提出一个新问题、一种新的可能性更加不容易。即提出问题往往比解决问题更重要，从新的角度去看旧的问题，更需要超凡的想象力。

因此，在策划思维的准备阶段，要敢于突破原有理论束缚、打破思维定式，来发现问题和提出问题。当然，发现问题和提出问题的前提是有一定的知识储备。接下来就要搜集和以往有关的成果，吸取经验教训，对问题进行分析评价，只有那些有意义、有前途的问题才能作为策划的选题方向。

（2）**酝酿阶段**。策划思维在酝酿阶段的主要任务是：针对具体问题，根据已有的方法和搜集到的事实，运用再现性思维，提出解决问题的多种方案。酝酿过程实际是试错过程，也是让需要解决的问题与原有的经验、方法、规律等知识、技术框架之间的矛盾逐渐尖锐、激烈的过程。

（3）**豁朗阶段**。策划思维的成果通常在这个阶段形成，因此，豁朗阶段又叫作顿悟期或灵感期，这是策划思维的关键阶段。此阶段的主要任务是突破原有理论、知识和技术框架的束缚，通过综合、类比、直觉、灵感等形式产生新的观念，并经过整理、加工，最终形成新的解决问题的思想和方案。

（4）**检验阶段**。检验阶段又叫作验证、鉴定、评价阶段。对于豁朗阶段形成的解决问题的新思想和新方案，只有经过检验、鉴定、评价才能确定，即经过比较、选择，以及专家的充分论证，最后确定一套最优方案、一套备用方案，以降低决策风险。

通过垂类细分把握策划思维

1. 理解垂类细分

所谓垂类细分，就是在垂直类目行业蓝海中寻找细分赛道，这是一种精分赛道、精益求精的思维，通过对赛道的选择、对用户的精确把握、对领域内容的深耕、对上下游的打通，追求细分领域内商业价值的最大化。

在抖音大号稳占优势的当下，新手抖音电商或底端抖音电商是否还有提升的机会，这是很多电商从业者都有的一个疑问。

答案当然是肯定的，那就是在垂直类赛道上还有很多机会，只有我们用心做策划，从小切口入局，才更容易在抖音平台获得成功。

为什么这么说？因为全品类并不适合所有人，这就像有一条大道和很多条小道可以通往目的地，当所有人都挤在了大道上，那么大道肯定会很堵，就算是你换一种交通工具或是换一个时间出发，你依然有可能被堵在这条大道上。而小道就不一样了，因为几乎没有人走，所以特别畅通，说不定会让你更快到达目的地。

例如，在抖音电商平台上，当服装的大赛道被塞得满满时，很多商家就不敢上路了。而这时候，很多服装的细分领域却出现了欣欣向荣的景象，例如女装细分领域的大码女装、汉服、内衣等跑在了赛道的前列，还有一些小众行业，例如手工刺绣、竹编等产品也借助抖音电商大放光彩。

2. 基于垂类细分策划抖音内容

通常来说，做垂类细分能更加精准的吸引垂类用户，且这些垂类用户的黏性更强。当垂类用户成为忠实用户时，他们就不会轻易离开。一旦抖音电商成为细分赛道上的佼佼者，成为头部，筑起了进入壁垒，就不会轻易被其他电商模仿和赶超。此外，当抖音电商在细分赛道上实现深耕后，还可以逐步扩大用户群体，朝着全品类进军。

在垂类细分赛道上运营抖音电商时，为了让短视频可以快速吸引用户，运营者在策划选题时，要注意对热点内容的把握。例如，你是收纳达人，你要做的垂类热点是"跟着抖音学收纳"，此时你需要找一个流量热点，假设"刘畊宏男孩女孩"适合你，那你的选题就可以定位"一分钟教会刘畊宏男孩女孩的收纳小妙招"。

对一些品牌来说，进行品牌自播也是一种在垂类赛道上跑赢的策略。例如某运动品牌，开通多个账号，在抖音上做直播，让该品牌频频在抖音上"露脸"，助推销量快速增长。目前，很多品牌纷纷入驻抖音，培养自己的主播，进行自播，以此来提升销量。一般来说，品牌自播具有一定的优势，这主要体现在以下几方面。

（1）**线上线下联动，全方位服务用户。** 诸多品牌商家都有自己的门店和完善的上下游供应链，品牌可以通过自播以更优惠的价格、更完备的物流服务等来为用户提供更优质的服务。

（2）**全方位触及用户，获客成本更低。** 对商家来说，通过自播可以有效触及线上用户，扩大产品的受众，而且短视频内容的传播周期长，持续输出优质内容可撬动分发流量，获得持续曝光，获客成本更低。

（3）**节省中间环节，降本增效。** 品牌在货品选择与供应上有绝对的发言权，成本可控，利润空间更高。而且品牌通过自播直达用户，能有效缩短变现途径，提高品牌转化率。同时，通过自播，品牌可以及时收集用户的反馈，更好地优化用户体验。

（4）**品牌为自己代言，更有利于品牌传播**。品牌自播就是一种为自己代言的行为，宣销一致，能更好地把握品牌形象，输出品牌文化。

（5）**重组"人、货、场"的关系**。品牌通过自播，"人"（用户）由粉丝转化为会员，能为品牌沉淀私域流量，可以为品牌的拉新互动贡献力量。"货"不仅可以作为触及用户的工具，其相关数据将不经由第三方直接录入品牌的统计数据，这使得品牌的数据分析更加精准，可以及时进行调整，以促进销量增长。"场"是品牌自播形成的长期营销活动阵地，能获得垂类用户的长期关注。

场景化思维：用消费场景触动观众下单

> ▶▶▶▶▶
> 场景营销是让产品与使用场景多角度融合，可以给用户带来多感官、沉浸式的体验。随着短视频营销在营销领域的广泛应用，借助短视频打造营销场景成为营销增长的新契机。短视频营销可以按场景划分为游戏性场景、社会性场景、功能性场景。以场景化思维构建短视频营销体系，需要结合不同场景的关键要素，在适当的节点导入相应场景，最终形成完整的场景再现。

● 场景化思维完美契合抖音电商

1. 了解场景化思维

（1）**场景**。场景并不是简单的表示一种空间位置，而是指"包含着与特定空间或行为相关的环境特征，以及在此环境中人的行为模式及互动模式"。场景的主要作用体现在两方面,一方面是基于用户原有的需求基础,提出新的解决方案;另一方面是挖掘用户潜在的痛点,提出用户尚未意识到的需求,然后构建新的场景以连接资源,满足用户需求。

总结起来,场景就是特定类型的用户(Who)在某一时间(When)、某一地点(Where),面临什么样的问题(What),萌发了什么样的需求(Desire),采取了何种手段(Method)来满足该用户的需求。

(2)**场景化思维**。场景化思维是一种不仅关注用户需求,还以用户个性化、具象化的场景为中心,以服务用户场景需求为目的,挖掘用户在特定场景中的信息和服务需求,进行相应的信息与资源适配,实现基于用户场景的信息服务。场景化思维包含3个层面:一是洞察用户立体的、多维度的需求;二是通过场景捕捉用户的个性化需求并连接用户,实现需求与资源的适配与连接;三是与用户共同建构多维场景,提升用户沉浸式体验。场景化思维强调的是全要素的适配,即"在场景中的一切人、物、事实现最大化整合和最有效的关系连接"。

2. 兴趣电商为用户构建消费场景

抖音作为兴趣电商的践行者,一直强调"兴趣电商是一种基于人们对美好生活的向往,满足用户潜在购物兴趣,提升消费者生活品质的电商"。

兴趣电商就是让用户逛得开心,逛到心动而下单。这一点主要通过人们边刷抖音短视频边消费的过程体现。例如,当用户刷抖音短视频时,突然刷到自己感兴趣的内容,且内容所展示的产品让自己心动不已,便会产生消费欲望,进而下单。

当这些包含商品信息的内容触达用户后,用户的后续行为会被平台记录为是否喜欢及有多喜欢这些内容,这时,用户在内容前的停留时长、完整播放情况及对内容的点赞、评论、分享等,都会被收入平台的用户行为画像。

然后平台利用用户行为画像，为其贴上相应的标签，实施个性化推荐。

总的来说，兴趣电商是将商品内容化，利用内容来引发用户关注商品。在这个过程中，商品内容多使用场景进行展示，如商品适合的季节、场合、使用习惯、喜好等，再加上出镜人物形象、环境以及商品三者的和谐搭配，会给消费者带来真实感和沉浸感，从而加深消费者对产品的认同感，令其产生消费动机。

借助抖音平台打造适合用户的消费场景

对抖音电商来说，借助抖音平台做生意，实际上是将线下的卖场搬到线上，借助抖音平台为用户打造消费场景。通常来说，抖音带货场景主要有以下几类。

（1）视频内容对接线下门店。该经营模式是对线下门店的一种还原，或者是将线下门店搬到线上经营。有营业执照的线下门店，可在抖音平台申请认领抖音门店。通过抖音门店，商家既可以从线上获取流量资源，又可以在线下为用户提供服务。例如抖音门店支持发放卡券的功能，商家可以为用户发放线上卡券，线下核销；为了吸引用户，很多抖音门店推出了团购活动，被活动吸引的兴趣用户就会前来消费，而且通过"发朋友圈集赞"等活动，已消费的用户还能为商家带来口碑效应，通过用户的社交圈产生裂变，为商家吸引更多的流量和关注。

抖音门店的入口有3个，分别是如图12-1所示的短视频左下角POI（Point Of Interest，兴趣点）、创作者服务中心或直接搜索。例如，用户通过POI进入抖音门店的详情页，如图12-2所示，就可以看到门店的头图、名称、营业时间、地址、营销活动和短视频特色展示等。

图12-1 视频左下角POI　　　　图12-2 抖音门店详情页

（2）**镜头前堆积商品暗示促销**。在一些抖音直播间，商家喜欢在镜头前堆积商品，这就像商场对一些特卖促销商品放置在花车中进行陈列展示一样。当商品按花色、价格、功能、促销力度、针对的用户群等陈列在镜头前，或者商品略显杂乱地堆积在镜头前，给用户一种价格便宜的暗示时，很多用户会被吸引住，而下意识地进入直播间看一看，挑选自己感兴趣的商品。

（3）**试吃试穿为用户营造真实体验**。很多抖音主播会直接通过对商品的试吃、试穿等来代替用户体验商品的真实效果。在试吃、试穿等体验过程中，主播的表情、动作、语言等能将商品的体验结果有效传递给用户，帮助用户通过镜头判断商品或服务是否符合自己的预期。

此外，探店直播、档口直播等也是主播会采用的直播方式，通过自身的亲身体验向线上用户传达店铺货品的相关信息，吸引线上用户前往线下消费。

（4）**原产地或车间直播获取观众信任**。有些品牌的直播间会直接前往商品的原产地或生产车间进行直播。在这样的场景中，主播通过镜头展示优美的原生态环境，洋溢着民俗文化的生活状态，干净卫生、安全规范的生产流程等，将产品有机、健康、营养、绿色、稀有等特性直接呈现给用户，获得用户的强烈信任。

其实，通过场景展示商品的方式非常多，只要我们能抓住产品的特性，结合其需求场景，赋予其内容，就可以巧妙地将产品展示给用户。

跨界思维：梦幻联动唤醒观众的积极性

> ▶ ▶ ▶ ▶ ▶ ▶
> 跨界思维强调打破鸿沟，重建事物之间的联系，实现多领域的发展。在新媒体时代，基于跨界思维的跨界营销凭借"强强联合"的内部优势和"相机而动"的外部借势，成了强有力的营销手段。抖音平台的兼容性为跨界营销提供了沃土，想进军抖音电商的人士要充分理解跨界思维，创造更大的商业价值。

跨界思维下的跨界营销

1. 跨界营销的内涵

跨界营销指依据不同行业、品牌、类别、环境、偏好的用户之间的某种一致性或某种相关联的消费特征，使一些原本没有任何交集的元素相互渗透、融会贯通、扩大影响，通过展示新的生活态度、审美方式、服务意识，来获得消费者的好感，获取更大的市场份额。

基于跨界思维的跨界营销不断推陈出新，例如，农夫山泉故宫瓶、花露水味鸡尾酒、大白兔奶糖味沐浴乳、老干妈卫衣等联名，实际上就是跨界营销的经典案例。

跨界营销由来已久，这种营销模式基于用户追求产品的符号价值，喜欢能凸显个性的差异化产品，因此诸多品牌争相在各种文化符号之间寻找有感染力的混搭营销模式。这种文化跨界营销，在现实中确实起到了吸引用户、增加曝光度的作用。不过，若是品牌联名出现不和谐的情况，往往会起到反作用，甚至不利于品牌的发展。

2．跨界营销常用的营销方式

（1）**产品跨界**。产品跨界指使用不同领域两个或两个以上的品牌利用各自的长处，合作进行新产品的开发。这是一种将原本不相关的产业或企业彼此融合的营销方式，在跨界融合的过程中，产品的属性被改变，树立起新的形象，能给老用户制造不同以往的消费体验，并吸引潜在用户成为品牌的新用户。此外，不同品牌利用各自的价值导向和开发方向，利用合作的方式能实现价值整合和优势互补。

（2）**渠道跨界**。渠道跨界指合作品牌在渠道共享的基础上进行合作，通过共享彼此的用户，从而扩大各自的用户群体。渠道跨界最常见的是线上和线下渠道的共享，即有相似产品定位的品牌共享渠道，例如某药妆品牌除了在线上渠道销售之外，还与某实体药店合作，开展线下的销售活动。这种线上与线下相结合的营销通道，能将两者有效结合，形成优势互补。

（3）**文化跨界**。文化跨界的方式非常丰富，形式多样，效益高，主要有传统与现代的跨界、东方文化与西方文化的跨界、高雅文化与通俗文化的跨界等。对品牌来说，文化是其获得长久发展的核心元素，在产品之间差异逐渐减小、产品性能不断趋同的发展趋势下，文化跨界被应用得越来越广。

（4）**促销跨界**。促销跨界是指双方达成促销合作，其中一方的营销对象成为对方的促销品，或者双方均把对方的营销对象作为己方的促销品。

促销跨界能最大限度地调动企业的各种资源，让企业间实现共谋、共享、互惠。

（5）**交叉跨界**。交叉跨界指在不同企业间整合现有资源，将看似不关联的产品整合到一起推出，从而实施交叉营销，这样就不需要增加计划外的费用来实现各自产品的销售和用户规模的增长。例如，一些饮料品牌投资影视剧制作，在影视剧大火之后，这些饮料品牌也获得了关注，实现了自己的营销目标。

抖音，为大众提供跨界机会

抖音是一个去中心化的平台，超6亿日活跃用户在此生态中活跃，蕴藏着无限的机会，只要内容新颖，任何人都能"出圈"。

在抖音上，你可以看到跨界企业家，摇身一变，成为带货主播，通过个人魅力树立品牌形象。跨界明星，做起了直播电商业务，他们利用明星身份积累的粉丝基础和非凡的影响力，为产品背书，让用户更有信任感，再加上他们本身的一些突出特点，很容易被用户记住，非常便于打造带货标签。跨界网红中有些人由唱歌达人成功晋升为签约歌手；跨界农民中有些人在抖音上卖出几千万斤的水果，也有些人利用自己的特长靠摆地摊而走红。这些破圈发展，不仅提高了跨界者自身的影响力，同时也将"网络经济"慢慢转化为"长尾经济"。

还有许多的手艺人、企业高管、普通白领、家庭主妇，甚至学生等，都在抖音上收获了自己的舞台。而对其他想要进军抖音的人来说，只要找准自己的特色，做好定位、创作并输出优质的内容，就有机会在抖音平台上收获成长空间，成为内容的领跑者，最终成就自我。

品牌思维：在瞬息万变的时代寻找长期增长

> ▶▶▶▶▶
> 品牌一直被称为企业的生命和灵魂，也是企业综合实力的体现。在电商经济的发展过程中，品牌效益也日益凸显，用户对品牌的认同度在很大程度上决定了他们的消费行为。所以，抖音电商理解品牌思维，释放品牌的影响力，让产品借力品牌实现营销，实现可持续经营。

了解品牌思维相关基础理论

品牌是企业重要的无形资产，好的品牌能够为企业和用户提供超越产品或服务本身利益的附加价值。这种附加价值来源于品牌对用户的吸引力和感召力。例如，近年来国潮品牌引爆国内市场，就是因为其在一定程度上唤醒了大众的文化自信，唤醒了广大用户特别是年轻用户对本土文化的重新认知。对企业来说，在经营管理的过程中，利用品牌资产实现收益是一种有效的经营策略和技巧。

品牌一直以用户为中心，品牌资产最终能否实现收益，取决于用户对它的认同度。因此，在基于品牌思维进行品牌建设的过程中，品牌管理至关重要。

1. 品牌管理

品牌建设在管理中具有全局性的战略地位。在实践中，要把品牌建设作为企业的战略，确立品牌在企业中的领导地位，建立以品牌为中心的企业组织，实现品牌价值对于企业价值的贡献。

将品牌作为战略来管理，是一种改变市场竞争态势的颠覆性思想。品牌是企业当下及未来取得成功和创造持续性价值的平台，品牌管理是战略性的，不是为刺激销量而采用的销售战术。做品牌管理，其实是一种长期发展，也就是不以眼下的收益大小为出发点做品牌建设预算，而是放眼未来品牌能带来多少收益，能有多少品牌资产长期发挥作用。

2．品牌资产

《品牌理论与管理》一书将品牌资产定义为：品牌资产也称为品牌权益，是指只有品牌才能产生的市场效益，或者说，产品在有品牌时与无品牌时的市场效益之差。

品牌资产与品牌名称和标志相联系，影响着企业所销售产品或服务的价值。具体来说，品牌资产包括品牌忠诚度、品牌认知度、品牌知名度、品牌联想和其他专有资产（商标、专利、渠道关系等），能通过多种方式向用户和企业提供价值。此外，品牌资产还包括品牌溢价能力、品牌盈利能力。

在这些品牌资产中，能为企业带来丰厚利润、获取市场份额的是：品牌忠诚度和品牌溢价能力。这是因为品牌忠诚度和品牌溢价能力属于结果性的品牌资产，是伴随品牌知名度、品牌认可度、品牌联想这三大品牌资产创建后的产物。

3．品牌建设五度

（1）**高度**。品牌建设要有大局意识，把握好定位，坚守正确的价值导向。

（2）**广度**。品牌要有跨文化传播的扩散力和渗透力。

（3）**效度**。品牌要有号召力，能洞察用户期望。

（4）**温度**。人工智能时代，品牌不能变得冰冷，而应具有人文情怀。

（5）**信度**。互联网赋能让消费者的监督能力更强，品牌建设要合法合规。

4．拥有品牌思维的表现

（1）**一味地强调便宜反而不利于品牌的生存**。在消费理念上，我们一直强调物美价廉，但现实中，"物美"的东西，往往并不"价廉"。我们知道，价值决定价格，当某个产品贵时，通常它的价值要高于其他产品。如果细究，你会发现这类贵的产品，通常有大量创新、研发和服务等加持，尽管它们会做成本管控，但在必要的投入上毫不吝啬。例如市场上那些科技含量高的电子产品品牌，虽然并不便宜，但仍可以实现长销。

（2）**做品牌人格升级**。"品牌人格"指的是将产品或品牌拟人化，让用户觉得自己是在跟人进行互动，并非被动式接受品牌输出"冷冰冰"的信息。通过品牌人格化，可以赋予品牌人的情感，与用户实现情感共鸣。例如，一些品牌，它们通过产品包装、IP动漫形象设计、影视剧植入等途径，来拉近品牌与用户之间的距离，并与用户之间建立关系，来提升产品的品牌人格化形象。

（3）**为品牌打造独特性**。做品牌，其实是用产品之外的东西吸引市场用户，进而获得长期销量。因此，做品牌不是表面功夫，一开始就盯着产品的销量，而是要将视角放到产品本身上，赋予产品独特性，让品牌具有区别于其他品牌的鲜明个性，这样才更容易被用户记住。例如，某经营农副产品的抖音电商，在塑造自身农产品品牌的过程中，主要从产地环境、独特品种、产品品质、精致包装、塑造美好消费场景提升农产品在精神层面的价值、完善产业链条这6个方面出发，来打造新型农业经营主体，以强化品牌形象。

（4）**为品牌创作识别logo**。"无论时代怎么变迁，logo的诱惑是经久不衰的。"品牌logo往往能反映品牌具体要做什么，传递着品牌理念、品牌精神。例如，2021年小米logo换新一事曾在网络引起热议。成熟的品牌在到达一定的发展阶段时，大多会适当调整品牌识别系统。对新品牌而言，创作识别标志——logo，是一件很重要的事。

用品牌矩阵,扩大抖音电商事业的影响力

品牌矩阵是一种多品牌发展战略。在品牌矩阵营销理念中,其核心是聚焦主业,以多品牌迎合不同细分领域的市场需求。对抖音电商来说,有意识的搭建品牌矩阵,突出不同媒体的特色,并以此吸引不同的人群,将不同的账号优势最终实现叠加,完成品牌在多个媒体渠道的渗透。

例如,"樊登读书"品牌,其基于"樊登读书"这一品牌,在不同媒体渠道建立了不同的品牌矩阵,如图12-3所示是"樊登读书"在微信平台的公众号矩阵化运营,图12-4所示是"樊登读书"在抖音平台的抖音账号矩阵化运营。

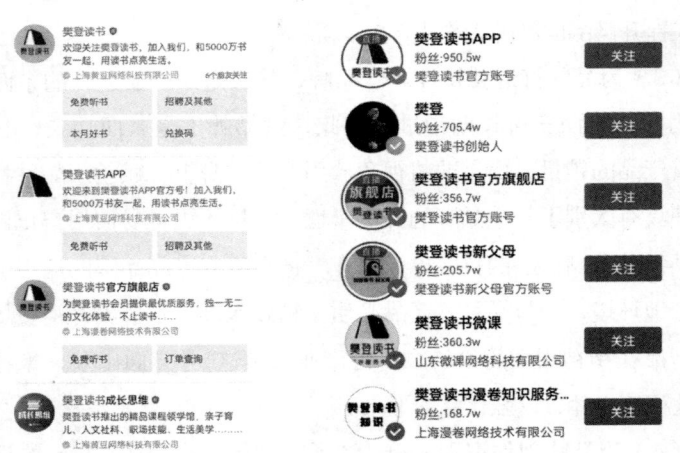

图12-3 "樊登读书"微信公众号矩阵   图12-4 "樊登读书"抖音账号矩阵

"樊登读书"在抖音平台的粉丝超过1亿,它的运作逻辑可以归纳为这几点。一是大规模孵化账号,形成规模效应,即"1个超级IP+1个核心品牌+多方向账号+多门店账号"。当这众多的账号同时运营时,就能在无意中触及用户,有效扩大品牌的影响力。二是剪辑海量素材,批量化生

产内容。樊登个人的大量课程、演讲等视频素材，为其庞大的账号矩阵提供了丰富的内容，运营团队可以充分利用这些内容进行账号的日常运营，主要涉及亲子、情感、职场、生活等，满足了用户的差异化需求。三是选择性投放，打造超级爆款。大批量内容投放之后，一定会有优质内容胜出，成为小爆款，继续为小爆投入流量，最终打造出爆款。

可以看出，通过搭建品牌矩阵，品牌以差异化定位吸引不同人群，就可以进行多层面的渗透。抖音电商基于这样的品牌思维运营品牌矩阵，可以实现多账号带货，有效增加收益；提高产品的曝光率；矩阵间有效联动，互相引流，提高品牌的曝光度；降低单个账号的运营风险；满足消费者的个性化需求；面向不同的人群，实现精准营销。

对已经形成品牌的抖音电商来说，就要尽早着手品牌矩阵运营。例如，华为公司基于"华为"母品牌，围绕业务板块划分推出相应的子品牌"华为终端""华为5G""华为商城""华为云""华为培训"等。这种母品牌与子品牌搭配的营销策略，首先要做大母品牌的影响力，然后辐射子品牌，精准触及各板块中的用户。

再如2021年12月新东方推出的直播带货平台——"东方甄选"直播间，成立之初可谓是"籍籍无名"，2022年6月，凭借"双语直播"带货模式在抖音爆红，"成功出圈"，旗下主播董宇辉、YOYO等也迅速走红。这种品牌加特色主播的搭配，帮助"东方甄选"有效掌握直播带货的密码，凭借真诚、专业、有趣、有内涵的直播风格逆袭成为"直播天花板"。

迭代思维：重复更新，持续成长

> ▶▶▶▶▶ "迭代"这个词逐渐从数学领域跳出来，成为软件开发的一种模式，接着又成为产品设计与商业模式的一种经营思路。在当下的商业社会，迭代思维已经是互联网思维的典型代表之一。

◉ 迭代思维与抖音平台的适应性

1．迭代思维的内涵

在数学领域中，迭代是指重复执行一系列运算步骤，由前面的量依次求出后面的量的过程，这是一个重复反馈的过程，每一次对过程的重复称为一次"迭代"，而每一次迭代得到的结果会作为下一次迭代的初始值。

基于对迭代概念的理解，迭代思维的本质是一种创新思维，这种迭代创新一般借助较小的投入来逐步获得阶段性成果，进而快速抢占市场，接着进行产品的优化升级。迭代式创新是当下普遍采用的一种选择，以对抗商业发展过程中的诸多不确定因素。当然，在面对市场上诸多不确定因素的影响，进行迭代式创新也是一种更普遍的选择。

2．抖音平台的迭代现象

抖音平台的迭代现象非常显著——内容变化特别快，几乎每天都有热点；营销活动不断推陈出新，互动性越来越强、营销性质越来越隐蔽；企业纷纷马不停蹄地开启直播，除了日播之外，7×24小时直播也是一些企业的常态；商家刚摸清了平台的算法规则，规则又更新了……

为什么抖音平台会变化迅速，答案是：只有不断用新的内容触及用户，用户的目光才能被持续地吸引。

用迭代思维做抖音电商

面对数字化和新消费主义浪潮的洗礼，企业都将"满足用户需求"作为自己的工作要务。企业不仅要努力满足用户已有的显性需求，还要创造机会并引导那些潜在用户成为企业的用户。当然，企业还要迭代优化自身的产品，抓住用户的需求机会，不断推陈出新。

面对这样的市场大环境，抖音电商的商业认知也要迭代，用迭代思维经营自己的电商生意，才能在激烈的竞争中取得突破。具体来说，抖音电商可以从短视频内容、产品、直播间玩法3个层面进行电商生意迭代，以争取更多的市场机会，获得稳定增长的流量，实现经营突围。

1. 短视频内容要迭代

在抖音电商摸清了自身账号受众的喜好和短视频制作技巧之后，创作者还可以继续创新，朝不同的方向尝试，并且根据复盘结果及时进行调整。

通常来说，做短视频内容迭代，抖音电商运营者要把握好以下几点。

（1）**跟随平台流行趋势**。平台流行趋势代表着抖音短视频运营大势，大家都在玩的内容，很大程度上都是用户喜闻乐见的。这时，短视频创作者就要调整自己原有的创作方向，寻找合适的视角，跟上流行大势，抓住流量。

（2）**关注MCN机构大号和抖音官方的创意周报**。MCN机构资源丰富，通常具有成熟的抖音运营经验，抖音电商短视频创作者可以跟踪学习其旗下达人的优质短视频内容，拆解分析其创作上的突破点，把握其创作要领，有助于提升自身的创作水平。

甚至在这些达人短视频的评论区中的用户留言，都可以作为自己短视频创作的素材。

（3）**从账号最受欢迎的视频中寻找突破点**。分析自身账号最受欢迎的视频类型，细致分析用户的关注点，深入发掘，同样可以开发出新选题。

在你找到选题方向之后，就要根据用户的关注点进行延伸，然后创作短视频脚本，来演绎对应内容。

（4）**坚持跑在前面，成为内容的引领者**。对抖音短视频运营者来说，成为内容的引领者是一个宏大的目标，即每当发布一个视频，总会吸引诸多短视频创作者跟踪模仿。当然，短视频创作者成为内容的引领者之后，仍要不断创新，注重对短视频人设和内容特质的反复渲染和强化，坚持跑在前面，持续为用户制造惊喜。

2．产品迭代

围绕用户核心需求推出的每一类产品，对其适时地通过各种原创手段进行迭代乃至最终颠覆，从而让它适应不断变化的市场环境，是产品迭代的重要方式。

通常，产品迭代可以从新的定位、新的文案与包装上入手。

（1）**新的定位**。这里指从产品使用人群、用户需求、用户分布地域等方面来重新定位产品。例如，一些商家根据用户多样化的需求，针对某一产品推出了多种口味、多种分量的包装；还有一些商家，为了更好地服务用户，根据用户的需求小批量、多批次的生产相关产品。

（2）**新的文案与包装**。文案与包装往往会给产品增加更多的情感，让其更具有温度。例如江小白的一款高粱酒，采用小瓶加语录的至简设计，以语录和表达功能实现与用户的互动。这里的语录，其实就情怀文案，而且江小白就是凭借这些情怀文案火速出圈的。

3．直播间玩法要迭代

直播间玩法的迭代是一个大胆创新的过程。其基本原则是从各方面（视觉、声音、数字、福利等）对用户进行强化刺激。

（1）**视觉刺激**。视觉刺激一般都是通过亲自体验产品的使用效果，让用户看看得明明白白。例如，有的商家为了展示洗衣液的强去污能力，直接在直播间展示该洗衣液如何洗干净一件脏脏的白色衣服。

（2）**声音刺激**。声音刺激主要是通过主播和助播以及声控的配合，根据直播间的营销节奏，适时地喊一些口号、放出一段声效等，营造有趣而又紧张刺激的氛围。例如，在疯狂小杨哥的直播间，在一些营销节点，声控会直接放出一段音乐，然后两位主播便跟着音乐节奏摇摆，这种有趣的方式让直播间的氛围显得非常轻松，还能给用户制造笑点。

（3）**数字刺激**。数字刺激指主播以带有数字的话术来给用户制造强烈的冲击力，刺激用户下单。例如，有的主播会说："58.8元12包，1包不到5块呢！""秒杀活动只剩下最后10秒了！""还剩最后10单，没抢到粉丝还有机会。"

（4）**福利刺激**。福利刺激指直播间专门为粉丝准备了一些特殊礼物，来吸引用户观看直播，再由主播适时地送出福利。直播间的礼物玩法花样百出，例如一些直播间就利用"疯狂"的福利来吸引用户和获取流量，有的送手机，有的送奢侈女包，还有的送汽车……

后　记

从发展兴趣电商到实现全域兴趣电商，抖音电商的这一切实现得无声无息，但又深入人心。之所以说它无声无息，是因为抖音电商一开始就做兴趣电商，让我们沉浸于兴趣体验的同时自然而然地接受了它。至于抖音电商为何深入人心，是因为它敲开了电商领域的另一扇门，为直播电商提供了一个新风口。

如今，抖音电商蓬勃发展，吸引越来越多的人入驻抖音电商平台，成为商家或达人，不断创造商业价值的平台。对我们来说，做抖音电商并不难，难得的是有做抖音电商的思维。无论是内容的生产与传播，还是用户服务、赛道选择、资源整合、数据利用、品牌运营、IP打造等，都需要对抖音运营模式有一定的了解，在此基础上，我们才能有效使用抖音平台的流量密码，找对开启抖音电商大门的钥匙。

当下快节奏的生活习惯，更是助长了抖音电商的爆发式增长，那么此刻，或许就是最好的时刻，你可以利用本书的所传授的抖音电商运营知识，打开抖音电商的大门，然后走进去，抓住机会，做自己的电商生意。

在运营抖音电商的过程中，你可能会发现抖店App、电脑端抖店后台等一直保持着更新状态，模块整合、删除、增加等是常有之事，这些都是平台为了方便广大电商高效经营而做出的正常更新升级，我们只要在理解抖音电商运营逻辑的基础上，跟随平台更新及时调整相应的运营方式，就可以经营好自己的电商生意。此外，抖音电商平台的各种规则也保持更新状态，电商运营人员也要加以关注，以免影响自己的经营。正因为如此，本书中用来举例和说明所截取的抖店App、电脑端抖店后台、抖音商城等场景中的图片，可能会与读者当前看到的页面有些许差异，请读者以当前页面为准。